综合实践活动课程的新时代建构
总主编 成尚荣 张 华 柳夕浪

原来就在你身边
——综合实践活动课程的资源开发

张晓东 杨 健 主编

河北出版传媒集团
河北教育出版社

图书在版编目（CIP）数据

原来就在你身边：综合实践活动课程的资源开发 / 张晓东，杨健主编. -- 石家庄：河北教育出版社，2020.8
（综合实践活动课程的新时代建构）
ISBN 978-7-5545-5548-4

Ⅰ. ①原… Ⅱ. ①张… ②杨… Ⅲ. ①活动课程－教学研究－中小学 Ⅳ. ①G632.3

中国版本图书馆CIP数据核字(2019)第267917号

原来就在你身边——综合实践活动课程的资源开发

YUANLAI JIU ZAI NI SHENBIAN —— ZONGHE SHIJIAN HUODONG KECHENG DE ZIYUAN KAIFA

主　编　张晓东　杨　健

出 版 人　董素山
策　划　张　辉　何春雅
特约编辑　高力夫
责任编辑　李　琨
装帧设计　于　越
出版发行　河北出版传媒集团
　　　　　河北教育出版社　http://www.hbep.com
　　　　　（石家庄市联盟路705号，050061）
排　版　河北九易数字技术有限公司
印　刷　石家庄联创博美印刷有限公司
开　本　787 mm × 1092 mm　1/16
印　张　16.25
字　数　200千字
版　次　2020年8月第1版
印　次　2020年8月第1次印刷
书　号　ISBN 978-7-5545-5548-4
定　价　35.00元

综合实践活动课程的新时代建构

编 委 会

前言 QIANYAN

提升综合课程品质，增强学生综合素质

习近平总书记在全国教育大会上，非常鲜明地指出，“培养什么人，是教育的首要问题”。立德树人是教育的根本任务，也是教育现代化的方向目标，同时要求在“增强综合素质”等六个方面下功夫，培养学生的综合能力和创新思维。

立德树人的根本任务一定要落实在课程建设中，增强综合素质的要求一定要落实在教学活动中。2017年，教育部颁布了《中小学综合实践活动课程指导纲要》（以下简称《指导纲要》），其目的就是要引导学生从个体生活、社会生活及其与大自然的接触中获得丰富的实践经验，形成并逐步提升对自然、社会和自我之内在联系的整体认知，具有价值体认、责任担当、问题解决、创意物化等方面的意识和能力，着力培养学生的跨学科综合素质。全国教育大会上习总书记的重要讲话，让我们更深入地思考学生综合素质的培养问题；再次审视《指导纲要》，我们应当将《指导纲要》置于教育改革发展的宏大背景下，置于落实立德树人的根本任务之中。通过认真学习和深入讨论，我们以习总书记在全国教育大会上的重要讲话为纲，对《指导纲要》

进行了深入具体的解读，在解读中进一步提升了对综合实践活动课程的价值愿景和目标的认识。我们认为应当从理论和实践相结合的角度，帮助教师提高对综合实践活动课程的理性认识，提高综合实践活动课程设计和组织实施的能力，从而全面提升综合实践活动课程的品质，增强学生的综合素质。为此，我们决定组织编写一套关于中小学综合实践活动课程的指导丛书。

值得重视的是，习总书记在讲话中，进一步明确了党和国家的教育方针，提出要努力培养德智体美劳全面发展的社会主义建设者和接班人，并强调“要在学生中弘扬劳动精神，教育引导学生崇尚劳动、尊重劳动，懂得劳动最光荣、劳动最崇高、劳动最伟大、劳动最美丽的道理，长大后能够辛勤劳动、诚实劳动、创造性劳动”。2020年3月20日，中共中央、国务院发布《关于全面加强新时代大中小学劳动教育的意见》(以下简称《意见》)，对新时代劳动教育做了顶层设计和全面部署，明确提出要充分发挥劳动的综合育人价值。劳动教育已是教育方针的重要组成部分，已纳入德智体美劳全面发展的教育体系和更高水平的人才培养体系中。2020年7月7日，教育部印发了《大中小学劳动教育指导纲要(试行)》，明确规定将劳动教育纳入大中小学必修课程，以全面提高学生劳动素养，使学生树立正确的劳动观念，具有必备的劳动能力，培育积极的劳动精神，养成良好的劳动习惯和品质。无疑，劳动教育必须落实在课程中。

当然，《指导纲要》对劳动教育的目标、要求和内容等有明确具体的要求，《意见》发布后，我们还必须从教育方针的高度，对劳动教育进一步增强、充实，提升其意义。为此，丛书还要通过对《指导纲要》的解读，进一步将综合实践活动与劳动教育结合起来，以劳动教育为重点，凸显劳动教育的统领性。这样，指导用书的方向更鲜明，关系更明晰，更具时代感。

加强劳动教育与综合实践活动，培养学生的综合素质，是国际基础教育课程改革的共同走向。我们必须有更开放的胸怀，更宽阔的视野，尊重和吸纳国际课程改革的理论与经验，丰富自己。与此同时，我们又必须将劳动教育与综合实践活动课程的设计、实施、资源开发等，深植于中华传统文化中，扎根中国大地，体现新时代中国特色和中国经验，丛书名称中的“新时代建构”体现的正是这一价值定位和追求。

综合实践活动是落实立德树人根本任务的课程形态、具体途径和实现方式，丛书的根本目的是探索综合育人、实践育人、活动育人的规律和特点，其目标是指导教师创造性地落实《指导纲要》，以学生为主体，以变革学习方式为重点，培养学生的创新精神，增强想象力、实践力、创造力，让学生在综合实践活动中站立起来，为培养时代新人夯实基础。

从育人这一根本目的和任务出发，我们又确定了丛书编写的原则：既要提升认识，又要指导实践，两者要结合好、融通好，而且要解读准，说得明，指导得具体、切实；既要整体设计，又要突出重点，整体设计在于有框架意识、宏观思维，突出重点在于让教师把握要点，以求突破，形成特色；既要指导中小学教师设计、开展综合实践活动，又要有利于教研、科研等方面的专家拓展理论视野。根据编写宗旨与原则，丛书基本形成了科学、有用、亲切、有趣等特色。

为了达到预期的效果，编委会邀请张华、柳夕浪等知名专家、学者担纲，以提升丛书的权威性、科学性，搭建一个更高的平台，在更高层次、更大范围内进行对话。丛书共有十册，分别为：《〈中小学综合实践活动课程指导纲要〉解读——44个问答》，柳夕浪主编；《综合实践活动课程的国际视野》，张华著；《综合实践活动课程的理论视野》，张紫屏著；《考察探究与设计制作》，高振宇、包新中著；《社会服务与职业体验》，杨燕燕、仲建维著；《数字时代的创造性学习——创客教育理论》，钱旭鸯著；《数字时代的创造性学习——创客教育实践》，谢作如、刘正云、张敬云著；《综合实践活动课程的评价与管理》，戎庭伟、张馨月编著；《原来就在你身边——综合实践活动课程的资源开发》，张晓东、杨健主编；《创造一个分享的世界——综合实践活动课程案例集锦》，夏心军、成尚荣主编。

非常感谢河北教育出版社领导和编辑的重视、支持和辛勤工作，他们的视野、创意、品质、作风值得我们学习。尤其要感谢张辉副总编辑、特约编辑高力夫、地方教材编辑室主任何春雅以及各册责任编辑，他们为本套丛书的出版付出了诸多辛劳。

综合实践活动课程是国家课程，对培养有理想、有本领、有担当的时代新人，让他们成为社会主义的建设者和接班人，有着重要的价值、意义，相信这套丛书对推进综合实践活动课程的实施，推动劳动教育，会发挥积极的作用。

2020年7月

目　录

请您走进我们的世界

“原来就在你身边”是本书的题目，题目往往是一本书的核心追求和灵魂所在，非常有必要在一开始就对它进行解读，这样会便于大家走进我们试图为你们创设的课程资源世界。一方面，“身边”就是指空间距离比较近，我们应该尽量选择离我们近的课程资源，这是一条更加便捷的开发之路，没有必要刻意去舍近求远，毕竟还存在着开发成本与开发难易的现实问题，而且离我们近的资源并不比远的资源价值更低。另一方面，“身边”又绝不仅仅意味着空间距离比较近，“身边”是一个重要的课程资源隐喻，这里更想告诉大家的是一个道理——课程资源无处不在；生活中的很多元素都可以进入到教育中，在被充分合理挖掘后成为重要的课程资源。这本书的目的就是想让大家知道，周围并不缺少课程资源，真正缺少的是发现资源的“眼睛”——意识和能力。我们必须牢牢记住：只要能够为综合实践活动利用的资源都应该得到充分关注，并尽可能让这些资源成为撬动这门课程深入推进的重要支点。

第一章

课程资源面面观

教育的问题是如何让学生借助于树木来认识树林。

——怀特海

学生到学校要学习不同的学科知识，但绝不是抽象干涩的知识，而是要让知识与生活紧密联系、与劳动紧密结合，把知识转化为带得走的素质和能力。尤其是对于综合实践活动这门跨学科、实践性非常强的课程，一定要打破过于知识化的狭隘边界，努力开发各种各样、生动活泼、充满生活意蕴的资源，让这些资源进入到综合实践活动中来，这样知识就被赋予了意义和价值，可为培养学生的综合素质和核心素养提供切实有效的帮助。

一、走进课程资源

课程资源建设是一项充满创造性的课程实践，但是，我们绝不能就实践谈实践、就经验谈经验，否则就会陷入经验主义的泥沼，成为“经验型”的课程资源开发者，而是要通过深入的思考，不断地超越经验、超越实践，展开具有泥土气息、生动深刻的实践，这样才可能会成为“专家型”课程资源开发者。因此，实践推进的首要问题是对课程资源的认识与理解。认识和理解是一切变革的起点和前提，如果连什么是课程资源都不知道，对理想中的课程资源究竟以什么状态存在、课程资源建设对综合实践活动课程有什么重要作用等都没有准确清晰的认识，资源开发就不能成为深入推动综合实践活动课程的自觉行为，更不可能达到预期的实践效果。

（一）什么是课程资源

自从21世纪初基础教育课程改革以来，课程作为一个充满行动性、操作性的概念才正式进入人们的视野。因为过去我们更多的在教学论的框架下思考问题，课程概念的引入与理解需要一个过程，尤其对于来自基层一线的教师，随着时间的推移和改革的不断深入，课程渐渐成为教师的日常工作话语，统领着实践中的教育变革，大家也越来越力图从课程的角度理解基础教育，把课程作为学校变革的重要抓手。课程这一概念又包含着一系列的相关附属概念，课程目标、课程内容、课程评价等相继为我们所熟知，其中也包括本书的核心概念——课程资源。正是因为课程资源是课程应有的元素，课程资源与课程之间存在着千丝万缕的联系，甚至这种联系使得两者之间的界限比较模糊，很难对这两个概念做出截然不同的划分，可以说课程中蕴含着资源，资源中潜藏着课程，是一种你中有我、我中有你的相融状态。

那么课程资源究竟指的是什么？能不能给它下一个明晰的定义？或者说可不可以形成一个基本共识？有研究者认为："课程资源的概念有广义与狭义之分。广义的课程资源指有利于实现课程目标的各种因素，狭义的课程资源仅指形成课程的直接因素来源。"[1] 根据上述表达，如果从广义的角度出发，"各种因素"包括了太多的内容，几乎没有不包含在里面的东西，这就会在泛化的过程中失去了概念自身的确定性，让人无法准确把握；如果从狭义的角度仅指"直接因素"，不过究竟什么是"直接因素"？老师们怎么在实践中理解哪些是"直接"，哪些是"间接"？恐怕也是很难明晰、很难做到的，因此就失去了用定义划定边界的真正意义。其他研究者对课程资源的解释也大致如此，没有什么让人觉得非常清晰的划分，总的来说比较模糊，也许这才符合实践者的行动属性。

如果没有一个明确的定义，可以展开后续课程行动吗？实践已经给出了答案。课程改革将近二十年了，好像大家对于课程资源究竟是什么，能不能形成一个清晰的、操作性非常强、大家一致认可的概念，并不苦恼。也许正如著名的心理学家史蒂芬·平克所说："人类心智的重要特征之一就是利用具体场景解读概念，即使对那些最抽象的概念进行解读也是如此。"[2] 课程实践者们都是在课程实践现场中理解与认识课程资源，他们会用实践解释概念，这种概念的模糊性也许恰恰体现出了课程开发的实践性，为实践工作者们提供了无限的课程创造性和可能性。那么，我们能不能够给课程资源下一个操作性很强的定义？因为这样有利于教师

[1] 吴刚平：《课程资源的理论构想》，《教育研究》2001 年第 9 期。
[2] 史蒂芬·平克：《思想本质》，张旭红、梅德明译，浙江人民出版社，2015，第 4 页。

进行课程资源开发。所以，尽管暂时无法给出一个所有人都同意的明确定义，但是为了更好地进行对话和交流，尤其是为了更好地深入实践，我们觉得还是应该对课程资源形成几个基本共识。

1. 到处都有课程资源

一棵树、一张桌子、一幅画……都可以是课程资源。当然，从自然资源到课程资源要有一个转化的过程。从一棵树可以引申出树的种类、树的生长、树与自然、树与人类等主题；从一张桌子可以引申出桌子的材料、生产工艺、市场价格、桌子的美学等主题；从一幅画可以引申出画的作者、画的流派、画所反映的那个时代等主题；……当然，究竟引申出什么主题，要根据具体的课程目标来确定。

2. 努力挖掘育人价值

同样的课程资源在不同人的眼里蕴藏着不同的教育亮点和价值，关键是我们如何看待它，有深刻理解的教师往往能够把资源对学生的作用发挥得很充分。比如，校园里有一棵几百年的古树，我们希望它给学生带来什么？孩子们能跟随古树走进厚重的历史吗？古树是在与儿童一起成长吗？通过古树使孩子们能和什么相遇？人物、故事、沧桑、情感……这些都需要教师对课程赋予想象力。

3. 考虑儿童不同需要

正是因为课程资源太多了，不可能全部都为课程实施所用，我们一定要根据不同学生群体和个体的需要进行合理恰当的取舍，让不同学生以不同的方式走向课程资源，这样才能让课程资源促进学生的成长。孩子们一起到森林公园去学习，我们要创造机会让有艺术天分和爱好的孩子看到美的历程，让爱动手的孩子看到科学空间，让喜欢写诗的孩子体验到诗意生活……每个孩子都在资源中发现了自己的影子，这样的课程资源才能真正发挥作用。

4. 彰显学校文化追求

不同的学校有不同的教育哲学、地域文化，课程资源建设应该与此自然而然地产生联系。比如，有的学校就坐落在传统书院的旧址上，那么，在课程资源的开发过程中，就要尽量挖掘传统文化资源，从而让学校的文化能够传承下去，也在学生身上烙下独特的文化印迹。再比如，有的学校靠近美丽的湿地公园，那么，湿地公园的资源应该得到充分的重视，并为学生的日常学习生活所利用。

（二）课程资源如何分类

课程资源立体丰富、种类繁多，如果不进行结构化的理解，在具体的开发中就会产生不必要的重复与浪费，因此，需要对课程资源进行结构性地划分，这样会形成比较清晰的资源框架，便于人们对资源进行整体认识。为了达成这一目标，不同研究者从不同维度对课程资源进行了分类，有的研究者“按照课程资源的功能特点将课程资源分为素材性课程资源和条件性课程资源；按照课程资源目前的可利用程度，将课程资源分为校内课程资源、校外课程资源和信息化课程资源”[1]；有的研究者“按照课程资源的性质将课程资源分为显性课程资源和隐性课程资源”[2]。当然，除了以上的分类还有其他的资源划分类型，每一种划分都提供一种分类框架，希望帮助大家更好地理解与开发课程资源。

从实践的角度来说，我们采用了以空间为基本维度的资源划分逻辑，这样更直观、更形象、更简单，也容易为实践工作者们所理解，并由此形成了课程资源划分的五大空间：学校、家庭、社会、自然、网络。这五大空间的划分并不是没有任何问题，其中也有一些重复和交叉，比如，网络与其他四个空间都存在着紧密联系；再比如，社会与自然之间也有着密切联系，很难分得一清二楚，也就是既存在着社会化的自然，也存在着自然的社会化。不过无须担心的是，所有能够在理论层面和理性层面进行清晰划分的事物，一旦到了具体的实践中往往就会产生重叠，不能进行清晰划分，因为生活本身就是一个相互联系的复杂结合体，不可

---

[1] 李建平：《课程资源如何开发》，《中国教育报》2001 年 10 月 9 日。
[2] 徐继存、段兆兵、陈琼：《论课程资源及其开发与利用》，《学科教育》2002 年第 3 期。

能在现实中泾渭分明，有重叠是很正常的，没有重叠却往往是不太可能的，我们称之为“必要的重叠”。但是，需要提醒大家的是尽量避免过度重叠。在这五大空间中我们还从内容角度进行了划分（后面会具体列举一些内容，如红色文化、传统文化、儿童兴趣、教师经验、日常生活、世界文明等），把空间与内容相结合，实际上形成了资源开发的纵坐标与横坐标，这样可以让我们更好地进行开发定位。

在进行了五大空间的划分之后，还有两点需要补充说明：一是我们既要把网络作为一个空间，从资源内容的角度进行理解，还必须把网络作为强大的信息技术支撑手段，作为一种重要的学习工具。因为，在这样一个飞速发展的技术时代，放弃技术就是放弃领先，放弃技术就是放弃助推工具，必须让技术在所有的空间中都发挥巨大的作用，成为撬动课程资源建设的重要支点，实现与所有课程行为的合理融合。二是尽管已经进行了五大空间的划分，但这种划分也是相对的，只是为了让大家对课程资源进行框架性的理解，以此展开清晰的实践。我们还要强调打通五大空间的同时，在更大的层面实现学校和区域课程资源的相融共享，希望在学校和更大范围的区域层面对这五大空间进行统整性的考量，而且，这五大空间在现实生活中本来就是相互依存的，整体性的考量可以形成课程资源的育人合力。

（三）谁来开发课程资源

课程资源只有被开发才能实现其价值，否则永远是一种静态的客观存在，不能进入到综合实践活动中来，不能产生应有的促进学生发展的意义和价值。这就是我们接下来要问的问题，由谁来进行资源开发呢？教师是唯一的课程资源开发者吗？家长、学生、专家等能成为课程资源开发者吗？答案是肯定的，教师、学生、家长、专家都可以成为综合实践活动课程的开发主体。《指导纲要》在强调学校教职工全员参与的前提下，明确规定“积极争取家长、校外活动场所指导教师、社区人才资源等有关社会力量成为综合实践活动课程的兼职指导教师”。无论是教职员工，还是兼职指导教师，理所应当都要成为课程资源的开发者，要全身心地投入到课程资源建设中来。况且，他们不仅仅是课程资源的开发主体，他们本身也是一种重要的课程资源。

1. 教师是课程资源开发的第一责任人

清华大学原校长梅贻琦先生在就职演讲中提出："所谓大学者，非谓有大楼之谓也，有大师之谓也。"教师是学校教育的核心承担者，教书育人是教师的本职工作，没有教师就没有教育，可以说教师创造着教育、创造着学校、创造着未来，当然，教师更创造着课程、创造着课程资源。为了更好地发挥综合实践活动课程的育人功能，教师要责无旁贷地成为所有主体中最重要的主体，全方位地进行课程资源开发，并且要让课程资源的开发过程成为儿童的成长过程，有多么丰富的课程资源就有多么丰富的学习生活。教师作为课程资源开发的牵头者、协调者和管理者，不仅要自己开发课程资源，还要引导、组织其他主体进行课程资源的开发，形成课程资源开发的多元共同体，一起推动综合实践活动课程的全面展开。

2. 学生开发课程资源就是一种学习

学生是课程资源开发的直接受益者，不过受益者不只是被动地接受资源，他们还是课程资源的积极开发者，是课程资源开发的主体之一。学生进行课程资源开发就是进行综合实践活动，就是重要的学习过程。甚至还可以说，课程资源开发过程就是综合实践活动本身的展开过程，这两者在相当程度上是合二为一的。学生开发课程资源的重要性在于，他们开发出来的课程资源才是真正属于他们的课程资源，是真正以学生为中心的课程资源，这种课程资源具有强烈的内生性、儿童性和生动性，更容易让学生亲近和走进，更容易和学生之间产生课程共鸣，更能够让学生学习起来兴趣十足，对他们的成长产生更大的价值。

3. 各类专家可以深度开发课程资源

综合实践活动恰恰是一门综合性非常强的课程，涉及所有领域和学科，单一的学科和知识是无法真正应对的，单一学科的教师也是无法真正进行综合实践活动课程实施的，这门综合性课程的实施需要不同学科专业给予支持——不是一般的浅层面支持，而是有一定深度的专业支持。在社会中，来自不同领域的专家拥有属于自己的专业研究，并且在这个专业领域有着比较深厚的造诣，对相关资源有比较深刻的理解和认识，可以有效弥补教师学科本身和学科之外知识的相对不足。因此，社会各行各业的专家都可以成为课程资源的提供者和开发者，这也打开了学校的边界，可为学生提供更为开放的学习内容和学习时空。

4. 家长开发课程资源是丰富的补充

习近平总书记在全国教育大会上强调："家庭是人生的第一所学校，家长是孩子的第一任老师，要给孩子讲好'人生第一课'，帮助扣好人生第一粒扣子。"家长一定要成为课程资源开发的积极参与者，不仅要在家庭中进行课程资源开发，让家庭成为综合实践活动的重要场域，让孩子充分体验家庭生活的教育意蕴，在家庭这一课堂中健康成长；还要和孩子一起走出家庭，走向更为广阔的空间，协助教师进行更大范围的课程资源开发，让家庭与学校成为课程资源开发的联合体，实现更大范围的课程资源拓展，让家庭中的"人生第一课"与学校中的"人生第一课"相互促进，共同推动孩子们的健康成长。

（四）综合实践活动特别需要课程资源

综合实践活动课程作为一门新设置的课程，相对于其他学科课程来说，尤其需要大量课程资源的有力支持，才能将预定的课程目标更好地转化到实践中去，主要有四个方面的原因。

1. 没有重要的课程资源——教材

综合实践活动课程是一门跨学科的实践性活动课程，没有统一的课程标准，没有统一规定的教材，只有《指导纲要》和推荐主题。长期以来中小学教师把学科教材作为最重要的教学工具，以课程标准为指针，围绕教材进行教法、学法研究，而对综合实践活动课程来说，作为最重要载体的教材没有了，也就意味着研讨交流的平台缺失，难以开展深入的学法、教法研讨对话，这对于综合实践活动课程实施是一个极大挑战。课程资源开发可以弥补教材缺失的空白，大家可以把课程资源建设作为对话交流的载体，通过这个载体深入推动综合实践活动的展开。

2. 专业教师数量严重不足

《指导纲要》规定“原则上每所学校至少配备 1 名专任教师”，实际上有些学校暂时还是达不到这样的要求，就算是达到了规定的底线要求，仅靠一名专任教师带动全校的综合实践活动课程建设，确实有些力不从心、难以进行，可能会影响综合实践活动的实施效果。倘若在课程资源建设方面有了比较深入的探索，则可以让其他教师参与到课程资源开发中来，把课程资源作为综合实践活动的教师成长空间，以此为突破口和切入点，吸引更多的学科教师参与到综合实践活动课程中来，切实推动学校的综合实践活动课程深入开展。

3. 超越学科知识的意识不强

长期以来，学校教育都是以鲜明的学科进行划分，再加之专任的综合实践活动课程教师不多，想超越过去的学科知识线索难度相当大。而综合实践活动课程恰恰是不以学科知识为线索形成课程的基本脉络，或者说不是以知识为中心进行课程建设。因此，《指导纲要》规定综合实践活动课程的性质是一门“与学科课程并列设置”的必修课程。正因为其“非学科”性，从根本上突破了学科知识的逻辑，把生活和活动作为重要载体，进而打破学科化的知识维度，这就使课程资源建设显得尤为重要，可能会为综合实践活动课程找到另外一条建设逻辑。

4. 综合实践活动课程规划缺失

《指导纲要》明确要求学校要在地方指导下，对综合实践活动课程进行整体规划，但由于《指导纲要》颁布时间不长，再加之人们对于传统主学科建设的意识比较强，相当多的学校还没形成综合实践活动课程的整体规划。当然，随着课程改革的不断深入推进，将来课程规划一定会得到不断的完善与修订。目前，在课程规划还处于比较薄弱的情况下，我们可以通过课程资源建设让学校对综合实践活动课程进行系统考虑，以课程资源开发为主题线索，形成学校综合实践活动课程的整体格局，大大推进综合实践活动课程的实施效果。

二、问题是起点

陶行知先生说："教育的目的是在于解决问题。所以，不能解决问题的，不是真教育。不能解决困难的，尤其不是真教育。我们一定有了真教育，才能对付困难。"[1] 问题是课程改进的主题线索，找不到问题就很难保证行动的针对性、可行性和有效性，问题缓解、化解或者是彻底解决才意味着课程取得了比较好的实践效果。综合实践活动课程作为一门与传统学科不同的新型课程，对教师的综合素质要求比较高，高等师范院校过去也没有培养过综合实践活动课程的专门教师，这就导致精通综合实践活动课程的教师偏少，承担综合实践活动的教师群体的课程意识与能力还没有达到较高水平，直接产生了一些影响综合实践活动课程资源开发的问题。

（一）筛选能力欠缺

一方面，课程资源一点儿都不神秘、随处可见，这些资源往往与我们朝夕相伴，一直都包围着师生的学习生活，甚至已经被我们熟悉到了被遗忘的程度，也就是人们常说的"熟悉的陌生"，然而由于缺乏必要的敏感性和课程想象力，被很多人视而不见，不知道这些可以成为课程资源，可以为综合实践活动开发利用。另一方面，正因为课程资源到处都是，整个世界都是学生的学习资源，随之又带来另一个问题，面对这么多的课程资源，我们究竟该如何进行选择取舍？毕竟学生在学校的生活时空是有限的，究竟把什么引入到课程中来，什么资源对学生的成长价值更大？这也是一个重大的课程论问题，极大地考验着教师的价值判断

[1] 陶行知：《陶行知全集（第三卷）》，四川教育出版社，1991，第 501 页。

力和实践选择力。

（二）开发停留浅表

不同的人认识理解能力层次不一，有的人认识比较浅，有的人认识比较深刻，正因为存在着这样的差异，同样的课程资源在不同人的眼里蕴含着不同类型和不同层次的东西。有些人只能对资源进行表面化利用，蜻蜓点水、一带而过，缺少深刻的教育关怀和价值分析，不能对课程资源进行深度挖掘，使其发挥出更大的育人功能，这样就会造成资源的严重浪费，不能让资源产生更大效益。如果照这样长期发展下去，还会让课程资源开发者的思维日益固化，甚至形成资源开发的表层思维模式，永远无法让资源开发走向课程和学生发展的最深处，无法让课程资源伴随学生的生命拔节。

（三）同伴协作不够

综合实践活动作为一门跨学科的课程，单一的学科无法真正支撑，需要不同学科教师的通力协作，团队在综合实践活动课程资源开发中作用巨大，而现实情况却真的不容乐观：第一，由于这门课程设置时间相对比较短，专任教师数量比较少，相对那些成熟的传统学科课程来说，能够在一起研讨、交流的教师群体数量也就比较少；第二，作为一门新设置的课程，综合实践活动很少得到跨学科教研活动的强力支持，很难形成一个跨学科资源开发共同体，影响了课程资源开发的质量与数量；第三，由于受到各种内外部条件的制约，跟教师与教师之间的合作相比，教师与学生、家长、专家的协作可能更少之又少了，资源的边界没有真正打开和融通，无法激发出他们开发资源的群体智慧。

（四）系统设计缺乏

看起来就是一个小小的课程资源建设，但实际上却涉及方方面面，任何一个环节的薄弱都会导致整个资源建设质量的降低。由于学校里综合实践活动课程实施的组织机构还不太完善健全，在学校整体课程中的地位还没有得到广泛认同，缺乏考试评价改革的有力支撑，再加上课时数也是比较有限的，导致课程资源开发往往处于零敲碎打的状态，没有形成整体的课程资源观。也正是由于不能站在学校发展的角度进行资源的统筹考虑，没有建构起学校综合实践活动课程的资源平台，课程资源开发会处于临时应对状态，没有充分调动所有支持课程资源开发的力量，进而导致开发的系统性、深刻性和连续性不足。

（五）特质体现不足

综合实践活动课程不同于学科课程，是一门更加开放、更加生活化、更具实践性和综合性的课程，这就要求课程资源开发一定要丰富立体，一定要冲破学科之间的壁垒，一定要改变过于强调学科知识的开发逻辑。正如雅斯贝尔斯所说："谁要是把自己单纯地局限于学习和认知上，即便他的学习能力非常强，那他的灵魂也是匮乏而不健全的。"[1] 目前的教师大多是来自某一学科，都是根据某一学科培养出来的，具有强烈的学科意识，如果不能处理好自身学科与综合学科之间的关系，自然而然地就会产生学科局限性，跨学科思维与思考能力显得不足，使得自身实践具有相当程度的学科本位和学科局限性，不能在真实生活的背景下，进行学科之间的联系打通，从而进行更加宏大视野的课程资源开发，往往是什么学科的教师就会让资源开发抹上了某一学科的浓浓印迹，这会让课程资源开发变得狭隘，跨学科性不能得到充分体现。

三、拥有发现的眼睛

课程资源建设最需要的就是开发者眼中要有资源，没有对课程资源的正确理解，资源就是在身边也没有用。但是，正如埃德加·莫兰所说："人类社会现象所遵循的可理解性原则不会比理解自然现象所需要的原则更简单。"[2] 人类的生活是一个极为复杂的统一体，复杂的生活有时恰恰会迷惑人们的目光，让人找不到合理的角度进行审视。不过，谁都不可能

[1] 雅斯贝尔斯：《什么是教育》，邹进译，生活·读书·新知三联书店，1991，第 4 页。
[2] 埃德加·莫兰：《复杂性思想导论》，陈一壮译，华东师范大学出版社，2008，第 8 页。

把整个生活直接作为课程资源提供给学生，必须对完整的生活进行分解。上面我们已经提出划分课程资源的坐标，从横坐标的空间维度，划分为学校、家庭、社会、自然、网络五个方面，这五个方面也构成了本书的第二章至第六章，第七章则是跨空间整合资源的开发实践；从纵坐标的内容维度，可以分为红色文化、传统文化、儿童兴趣、教师经验、日常生活、世界文明等。通过这样的划分，可以让课程资源开发的操作性更强，也就是从不同的侧面观察生活，每一个侧面就是一个内容维度，就是一双发现资源的“眼睛”，每一种目光之下都是一种独特课程资源的呈现，当然这些方面也只是重要的列举，并不能穷尽生活的所有方面。

（一）红色文化

没有共产党就没有新中国，就没有新时代的幸福生活，就没有中国特色的社会主义教育力，要用党的光辉润泽孩子们的初心，增强他们的使命感和责任感，不断坚定理想信念，把他们培养成坚定的社会主义事业的建设者和接班人，把宝贵的革命精神世世代代相传，让每个学生都烙下深刻的革命印记，这是综合实践活动价值体认的重要内容之一。红色文化是中华民族伟大复兴的历史写照，是中国共产党伟大事业的集中体现，是具有强大增值性的教育资源。更为重要的是，红色文化可以帮助学生树立正确的人生观、世界观和价值观，真正体现综合实践活动全面育人的本质所在。全国各地红色资源极为丰富，能够大力支持综合实践活动的实施，有的学校靠近红色文化的遗址，可以让学生进行真实的场馆体验，重温战火硝烟、激情燃烧的岁月；有的学校培养出了伟大的革命家，可以让学生感受革命精神的强大照耀，体会日新月异、富足美满的生活；有的学校曾经见证过伟大的革命事件的发生，可以让学生点燃青春梦想，憧憬勇往直前的新时代征程。

（二）传统文化

博大精深的中华文化蕴含着中华文明五千多年的文化内核，中国数千年来的优秀传统文化是中国人精神的独特体现，是中国人永远不可替代的文化基因和精神家园，是学生生命成长中不可替代的母体。党的十九大报告指出“中国特色社会主义文化，源自中华民族五千多年文明历史所孕育的中华优秀传统文化”，新时代的社会主义儿童应该具有中国传统文化的特质，向世界发出中国人的洪亮声音。综合实践活动必须担负起传承传统文化的重要责任，这是中国学生的返乡之旅和回家之路。有了传统文化之根潜移默化的滋养，他们才能找到生命存在的价值，才能找到在全球化浪潮中安身立命之本。有的学校具有百年的历史，可以一代又一代深入阐释传统文化的思想精髓，将中国数千年的文明衍生下去；有的学校长期以来注重传统文化，可以让学生在传统文化的浸染下，成长为流淌着中国文化血脉的优秀儿女；有的学校坐落在传统文化的发祥地，可以通过对传统文化资源的深入开发，让教育中充满了传统文化的基因。

（三）儿童兴趣

综合实践活动课程本身服务于学生的成长，必须尊重学生的主体地位，充分关注学生的课程需求。只有了解学生的多样化兴趣和真实需求，才能开发出适合学生成长的课程资源，这些课程资源才能真正促进他们的成长。一定要站在当代儿童文化的角度，对他们喜欢和关注的事物进行研究与分析，找到那些最能够激发他们的学习欲望，最能够让他们沉浸其中的资源，如动漫、童话、游戏等就是学生最喜欢的资源。要把这些资源恰当合理地引入到综合实践活动课程中来，只有这样才能真正地服务于儿童发展。不仅如此，从某个角度看儿童本身就是社会资源，抑或说是课程资源之源泉。《指导纲要》中还特别强调学生的“自主性”，如果课程资源开发不与学生的兴趣相结合，将很难在综合实践活动中实现学习的自主性。只有当学习是兴趣所至时，学生才可能成为综合实践活动课程的真正主人，才可以改变成人化的课程视角和惯性思维，真正把学生放在综合实践活动课程建设的中央。

（四）教师经验

《资治通鉴》云：“经师易遇，人师难遭。”教师对于学生成长是最重要的，因为教师的职责就是教书育人，要把学生培养成真正完满的人。自古以来，人们一直认为“成人”比“成事”更重要，这是中国传统教育思想的内核。一个孩子最幸运的就是遇到一位“好老师”，教师是儿童成长过程中最重要的伙伴，有着丰富的社会生活经验和阅历。教师的人生背景、生活经历、学科知识都是综合实践活动的课程资源，他们对自身的经验和经历理解最深、感触最深，有着比较深入的认识与把握，对学生成长产生着更为深刻的影响。更为重要的是，“人，只能自己改变自身，并以自身的改变来唤醒他人。但在这一过程中如有丝毫的强迫之感，那效果就丧失殆尽”[1]。在某种意义上可以说，有什么样的教师就会有什么样的学生，教师成为课程资源，就是让教师的人生向学生敞开。有的教师擅长民间工艺，有的教师醉心于历史研究，有的教师在艺术方面具有非常高的造诣，这些都可以成为学生学习的资源。

（五）日常生活

日常生活对学生产生着潜移默化的影响，是学生生命绽放的重要场域，是学生成长的智力背景和宽阔底色，可以给学生许多启发的意义和价值。通过与日常生活的联系，可以为学生打开更有意蕴的存在世界，让学生把所学的知识应用到实际生活中去，促进知识的深层理解和转化应用。因此，杜威说：“当一个学科是按照了解社会生活的方式去教的时候，它就具有积极的伦理上的意义。”[2] 更为重要的是，通过在日常社会生活中进行综合实践活动，还可以让学生在学习中进一步改造生活，让生活变得更加美好。在帕夫雷什中学的校园里有几处“秘密角落”——神秘的洞穴、毁损的旧建筑等，孩子们在那里收藏“宝物”、做游戏。我们的学校里有“秘密角落”吗？我们在生活中用什么吸引儿童？另外，学校里的管理与劳动岗位能否让学生来担任？不能通过劳动来展开生活的学生，是我们想要培养的学生吗？当然，把日常生活作为课程资源绝不意

---

[1] 雅斯贝尔斯：《什么是教育》，邹进译，生活·读书·新知三联书店，1991，第 26 页。
[2] 吕达、刘立德、邹海燕主编《杜威教育文集（第 1 卷）》，人民教育出版社，2008，第 147 页。

味着所有的日常生活都可以直接拿来成为课程资源，课程资源不是对日常生活的简单复制，不能让教育陷于琐碎的细枝末节中，一定要对日常生活进行充满教育性的选择取舍，否则，就会造成课程资源的泛化和平庸化。

（六）世界文明

我们正处在世界一体化发展的时代中，国际交流与合作日益密切。有人将现代世界形象地比喻为“地球村”，世界各国的利益与人类的命运更加紧密地联系在一起，其他国家的发展往往会成为我们发展的参照系，失去了世界这个参照系，我们的发展也可能会找不到确切的坐标。认识世界不是放弃自我，放弃养育我们的家乡热土，放弃中华民族的不朽文明；认识世界是为了更好地发展学生，或者说是让学生在认识世界的过程中更好地发展中国，让中国屹立于世界民族之林。比如，STEM 课程在西方有比较成熟的模式，我们可以对其进行充分的借鉴和使用，这样对我们会产生较大的帮助，但必须经过本土化的改造，这样才会产生更大的教育价值。世界是由不同国家、不同民族、不同文化组成的，是由全部生活组成的，是你中有我、我中有你的人类发展命运共同体，是一个错综复杂的综合存在体，不是依靠哪一门学科的知识就能够彻底认识的。而综合实践活动是一门综合性和实践性特别强的跨学科课程，特别适合帮助学生认识整个世界，也特别需要域外资源的支持，从而帮助学生形成看世界的眼光。

四、开发有道

开发有道，那么究竟什么是课程资源的开发之“道”呢？赵汀阳认为：“道意味着一切存在的有效运作方式，其焦点落在‘运作’而不在‘事物’上，关注的是可能性而不是实存性。在这个意义上，道的形而上学与其说是存在论或知识论，还不如说是方法论。”[1]“道”是方法论，是运作方式，是实践方式。课程资源开发之道就是课程资源的开发方式，

[1] 赵汀阳：《第一哲学的支点》，生活·读书·新知三联书店，2013，第 3 页。

只有找到具体的开发方式，课程资源开发才能成为课程实施的重要环节，变为真正推动学生成长的课程实践行为。这其中既包含着实实在在的技术操作，更是充满价值感的艺术创造。总之，开发之道是价值原则与操作框架的集合体，主要由一把六个刻度的尺子和四个步骤组成。

（一）六个刻度的尺子

1. 正确价值导向

人是教育的核心和终极指向，“必须是人，而不是技术成为价值的最终源泉；是人的最优发展，而不是生产的最大化，才是制订所有计划的标准”[1]。所有的中小学课程都无一例外地指向立德树人，指向培养德智体美劳全面发展的人，指向社会主义核心价值观的培育，要努力让中国学生发展核心素养落地生根、转化为学生的内在品质，综合实践活动课程当然也不例外。课程资源开发理所应当强调坚持正确的价值观，这是资源建设观和开发观的问题。我们要以正确的价值观引导学生的健康成长，这应该成为课程资源开发的首要原则，也是其他所有原则需要服从的最上位标准，这样才能体现社会主义国家教育的成长价值与本质特征。从这个角度而言，有的课程资源本身价值立意非常突出，要通过合理深入的开发，让其更具有积极向上的正能量，比如红色革命资源的价值导向就非常明显；有的课程资源本身价值立意看起来不突出，但绝不能够被遗忘和忽略，我们要能够敏锐地把握，让它的立意更加鲜明、更加积极，比如进行航天科技类的综合实践活动，如果能够结合中国大飞机的发展史，就能让学生产生强烈的民族自豪感，学习效果一定会更好。

2. 蕴含元素充足

不同的课程资源所蕴含的教育内涵并不相同，包括的教育元素也不相同，甚至有着非常明显的差别，这就需要我们对此作出准确判断。因为学生的学习时间和空间都是有限的，只有选择那些蕴含丰富教育元素的资源，才能带来更多的教育意义和价值。打个形象的比方，如果把课

[1] 埃里希·弗罗姆：《占有还是生存》，关山译，生活·读书·新知三联书店，1988，第96页。

程资源当作矿产来看待，有的课程资源就是我们所说的“富矿”，可以开采的东西太多了，“开采”的效益非常高，是一个特别吸引学生的美好世界，学生可以在其中游戏徜徉，这些内容还可以进行不同方式的组合，成为不同取向和功能的学习资源，为学生成长带来不同的可能性，比如博物馆，这里面具有教育价值的东西实在太多了，可以支持不同内容和方式的学习；有的课程资源则是“贫矿”，总体来说品位和品质都比较低，教育价值的含量太低，值得深入思考的东西不多，没有办法进行灵活的整合，也许一次性就利用完了，不能给学生带来更多的启发，比如学校里面的一个没有太多历史意义与美感的亭子或喷泉，恐怕很难让孩子们从中获得有教育价值的东西。关键是课程资源开发还要把这些丰富的元素能否引发学生的问题意识作为重要原则，因为“只有当他亲身考虑问题的种种条件，寻求解决问题的方法时，才算真正在思维”[1]。

3. 整体思考设计

课程资源开发是一项系统工程，从更高的层面而言，是一种学校课程发展的战略思维和整体思维，特别需要一种大局观和大视野。所以，一定要站在学生全面发展的角度，站在学校课程整体建设的角度，站在统筹综合实践活动课程的角度进行深入思考和通盘考量，打破过于知识化的逻辑，回到学生生活和成长的逻辑，才可以避免就事论事的狭隘理解，避免杂乱无章的盲目行动，避免重复而造成的课程内耗。我们要制定学校综合实践活动课程的规划，规划的内容之一就是通过这种大设计观或者说是设计思维，形成课程资源建设的发展蓝图，借助于这样的顶层设计，可以实现对课程资源的统筹开发和使用，总揽综合实践活动课程的全局。课程改革正在步入深水区，影响因素又是多种多样的，不仅包括可以有效控制的校内各种因素，还包括很多难以控制的校外多种因素。如果要把所有这些因素都考虑在内，就需要我们对课程资源建设进行有效统整，才能进行一体化和系列化的设计，形成课程资源开发的整

[1] 约翰·杜威：《民主主义与教育》，王承绪译，人民教育出版社，2001，第 175 页。

体格局。

4. 适合多样学习

综合实践活动课程的特征就是跨学科性与操作性。课程本身就要强调学习方式的多样性，绝不能局限于传统的知识传递，要让学生能够以多种学习方式走进课程资源，走进真实生动的生活世界，从不同层面获得对世界的理解与认知，充满想象力地获取知识。多种多样的学习可以让综合实践活动真正地“活”起来、“动”起来，在不排斥传统学习方式的基础上，综合实践活动要特别强调考察探究、社会服务、设计制作、职业体验等新型学习方式，更要把这些学习方式进行合理整合。“作为一个老师的天赋是与我的学生共舞的能力，是共同创造我们大家都能够亦教亦学的脉络情境，而且，只要我对学生本性保持着开放、信任和期望的态度，就可长久发挥这种天赋的作用。”[1] 通过创设不同的脉络情境，在同一所博物馆学习的学生，有的可以进行科学探究，有的可以讲述历史，有的可以进行现场导游，有的可以用艺术表达，有的还可以进行辩论，不同的学生都可以找到自己的兴奋点，当孩子们以自己喜欢的方式学习时，才会达成更好的学习效果。

5. 突出动态生成

课程资源开发并不是一次成型的，不是开发之后就被安安静静地、客观地搁置在那里，等待着教师和学生下一次开展活动时再去使用，而是与综合实践活动课程实施的全过程相伴始终。我们要摒弃静态的课程资源观，不能让课程资源固化和僵化，一定要将课程资源开发过程当作是不断学习、不断生成的过程，每开发一次就深入一次，每学习一次就更深入一次。伴随着这样的深度体验，学生的获得就会越来越深刻。学生到同一座天文馆去活动，面对的是同样教育资源，小学生、初中生和高中生，甚至于小学的低年段、中年段和高年段从中获得的东西恐怕是

[1] 帕克·帕尔默：《教学勇气——漫步教师心灵》，吴国珍、余巍等译，华东师范大学出版社，2005，第 74 页。

完全不一样的。因此，只有将课程资源动态化，不断地挖掘和利用，课程资源中潜在的教育意义和价值才能够得到充分挖掘，学生才能在资源生成的过程中，进行知识建构和意义增值，这也是师生课程智慧的生动体现。随着课程资源的动态生成，又会产生新的课程资源，新的课程资源又会进一步丰富原有课程资源，使课程资源的内容不断得到丰富，课程资源开发的质量不断得到提升。

6. 良好生态支持

课程资源开发虽然看起来只是课程建设中的一个环节和组成部分，但实际上却涉及很多方面，必须在更广泛的关系中理解事物，“严格地说，没有一件东西可以单独‘是’用具。存在的一向是用具器物的整体。只有在这个整体中一件用具才能够是它所是的东西”[1]。综合实践活动课程资源开发不是孤立的课程行为，而是对综合实践活动课程的全面推进，与学校所有课程的全面推进都有着千丝万缕的联系，至少对于综合实践活动课程来说是一项牵一发而动全身的生态系统，这些联系共同构成课程开发的良好生态，也就是来自各方面对课程资源建设的支持。在所有的要素中，学校的课程管理制度尤为重要，要通过制度层面的设计，为教师提供相应的条件，支撑教师进行课程资源开发。反之，如果没有良好的课程发展生态，课程资源建设可能会无法达成预定目标，甚至会因为保障条件不到位，让课程资源建设不能够持续深入推进下去，最终影响到综合实践活动课程的实施。

（二）四个步骤

1. 发现与辨识

教师要以立德树人和核心素养的落实为根本指向，以《指导纲要》的要求为基本准绳，建构起自己的综合实践活动课程观和课程资源开发观，将这些作为价值标准对课程资源进行选择和取舍。实际上，学生和学校周围存在着无穷无尽的资源，哪些能够成为教育资源？哪些教育资

[1] 陈嘉映编著《存在与时间读本》，生活·读书·新知三联书店，1999，第 49 页。

源能够成为课程资源？哪些不能够成为课程资源？这是我们首先需要思考的，这是课程资源开发的重要起点。比如，可以由近及远、由实到虚地进行思考，校园内有没有可用资源？教师和学生有没有可以分享的美好事物？有没有一些特别有专长的家长？学校周边有没有企业、社区、各类场馆可以提供资源？有没有网上资源可以利用？这一切都需要教师拥有敏锐的“视觉”，让整个生活和整个世界都成为学生的学习对象。我们要善于从最熟悉的世界里发现不一样的东西，让那些充满成长价值的资源进入学生的世界，防止那些无意义的资源进入课程，导致既没有达成综合实践活动课程的目的，又耽误了学生的宝贵学习时间。

2. 挖掘与重组

如果能够确定成为综合实践活动的课程资源，接下来就需要对这些资源进行教育学和儿童学的改造，因为这些资源并不是专门为了学生和教育而存在的，它本来就是社会中的客观存在物，但是内含着被利用的可能价值，可以为不同领域和各种人群所利用，甚至在不同的人的利用过程中，同一资源会发挥完全相反的功能。因此，我们要对这些资源从价值、内容、方式等多个角度进行深入挖掘，看看它们究竟蕴含着什么重要的教育价值，争取以最佳样态将其组合呈现出来，切实促进学生的健康成长。如果你所在的学校里有一座百年的文化古迹，你可以让学生进行什么样的综合实践活动呢？学生可以通过古迹走进悠久的历史，可以通过古迹了解自然生态演变，可以通过古迹感受校园生活，可以通过古迹反观现代社会。关键的是，你能从百年古迹看到什么？实际上，同一课程资源经过不同的组合，完全可以支持学生不同目的的学习活动，从而让这些资源在综合实践活动课程中发挥更好的作用，或者说同一课程资源可以达成不同方面的育人价值。课程资源挖掘与重组之后产生了更为深刻的目的与意义价值，反过来又极大地丰富了原有的课程资源，形成了资源建设的良性循环。

3. 运用与活化

课程资源只有被师生去利用，才能真正发挥其应有的课程功能和育人功能，否则课程资源的作用永远被潜藏着，就像是海平面下的巨大冰川，我们能够看到和利用的只是海面之上的冰川一角，只是非常少的一部分。一定要让学生生动活泼地走进课程资源，把潜藏的资源转化为学习能力。大部分学校都有校史馆，校史馆是一所学校文化的重要体现，了解学校的发展历史本身就是学生的重要学习内容。但是，有多少学校的校史馆成为学生的学习场所和学习资源？有多少校史馆可以支持学生的综合性学习？一方面，我们要充分利用身边、校内的各种资源，这些资源的利用本身就是对学校文化和学生生活的丰富；另一方面，我们还要鼓励教师和学生在综合实践活动展开的全过程中，不断生成各种各样、富有创意的主题，设计各种各样充满体验的实践场景，其中特别需要强调的是，真实或者虚拟的场景对综合实践活动的展开尤为重要，因为场景是由丰富的元素组成，与综合实践活动的综合性特质高度匹配。

4. 联结与管理

某一课程资源不仅要在一次活动中得到使用，为部分班级和一些教师所使用，还要能够在更多的活动中得到使用，为更多的甚至是全校师生创造性地重复使用，也就是要放在整个学校的大格局中，在学校的所有综合实践活动中打通利用，从而整体性地推动综合实践活动课程的展开，这样就可以实现课程资源的放大效应和叠加效应。比如，一个班级或小组到博物馆展开活动，活动的目标、内容、过程等所有相关资料都应该有条理地保存下来，成为学校综合实践活动课程资源库的组成部分，为后续班级和小组再一次活动时提供重要参考。与此同时，在学校课程管理与开发部门的支持和帮助下，综合实践活动课程资源要与学校其他学科课程资源、专题教育资源、共青团和少先队活动资源产生紧密的联系，努力实现课程资源的融合与优化，不仅实现综合实践活动课程实施的一体化，还要进一步形成学校课程资源开发的大平台，发挥课程资源的整体合力，避免课程资源建设中的交叉重复，如此便既可以体现校本化的育人追求和文化特色，又能够切实推动学校课程的整体改进。

第二章

使学校的墙壁也说话

学校的物质基础（我们把学生周围的一切陈设也包括在内），首先是一个完备教育过程不可少的条件；其次，它又是对学生精神世界施加影响的手段，是培养他们的观点、信念和良好习惯的手段。我们把孩子周围的一切都利用来服务于对他进行体、德、智、美诸方面的教育。

——苏霍姆林斯基

我是校园小管家

——江苏省海门市证大小学劳动教育课程资源开发案例

近年来，江苏省海门市证大小学劳动教育课程开展得有声有色。这项以“星光币劳动创业”为主题的综合实践活动课程，是以各类型校园劳动岗位为载体、以学校公共服务为内容的劳动教育。该课程以自由开放的劳动岗位认领方式引导学生投入劳动，激发“我是校园小管家”的自主意识，提升劳动技能，积累丰富的劳动体验。现在，就让我们走进证大小学，了解他们的课程资源开发故事。

发现与辨识

一所“爱劳动”的学校

证大小学位于国家级开发区——海门市经济技术开发区滨江科教城。学校以“星光教育”为办学特色。在证大小学老师们眼中，每一个孩子都是天地间独一无二的精灵，“让每一颗星星都闪亮”成为证大小学师生共同的精神追求。这是一所高度重视劳动素养养成的学校，也是一所以劳动教育见长的学校。很多学校都有劳动教育的活动，但未必构成以劳动教育为主题的综合实践活动课程。看起来，劳动是一件日常经常做的事情，在证大小学劳动何以成为综合实践活动的课程资源，又应该按照怎样的考量来开发呢？从人的成长角度来看，我们可以从以下三个方面来辨识劳动的课程资源意义。

第一，劳动对每个人是权利也是义务，从主体的角度来说就是“我很需要”。劳动创造了人，人在劳动中获得了价值。在这样的理解下，劳动类课程资源开发的第一要务，就是要将学生对于劳动这种需求的体验激发出来。正如证大小学奉行的理念——从某种意义上说，剥夺了孩子的劳动权利，就等于使他们丧失了成长的机会。

第二，从事劳动会让人产生一种得到认同的价值体验，从主体的角度来说就是“我被需要”。在这样的理解下，劳动类课程资源要让学生体会到“我被需要”，被他人需要，被群体需要。由于地处经济技术开发区，证大小学的学生来自全国 16 个省、市，为了增强学生的归属感，学校引入了“地球村”的概念。用什么来维系这个村落呢？就从每天要做的事情——“劳动”做起。为了建设一个更加美好的校园，需要每个人付出辛勤劳动，贡献出自己的智慧、行动和劳动成果。

第三，对于儿童来说，劳动还是一件需要学习的事情，从主体的角度来说就是“我还需要”。我还需要什么呢？需要学习劳动的本领，练就劳动的绝活儿。在这样的理解下，劳动类课程资源的开发，就是要给学生创造学习劳动的机会。除了基础性的劳动知识、技能，学校还设置各种供学生运用这些知识和技能的岗位、场景，劳动的意识、能力和态度就是在这种情境中慢慢锻炼起来的。

证大小学正是从对劳动教育的理解出发，在学校原有的“红领巾执勤队”“校园文明岗”等教育形式的基础上，开发了以各类校园劳动岗位为载体的课程，逐步构成了富有特色的劳动主题综合实践活动课程。

挖掘与重组

人人有岗位，人人在劳动

本课程的主题是“我是校园小管家”，强调的是学生在参与校园各个劳动岗位上的劳动意识、劳动能力和劳动体验。换在学生的立场上看，有一种宣示“我的校园我做主”的强烈意味。因此，课程资源的挖掘绝不只是劳动岗位的设置，更要聚焦在怎样才能让学生产生劳动的愿望、提高劳动的技能、收获劳动的体验。这就要求在资源开发上，从劳动内容到劳动实施再到管理评价，能够形成一个比较完备的系统。

这个劳动主题课程的教育目标是多元的。在课程中，学生不仅要学会劳动技能，还要懂得合作担当；不仅要淬炼勤劳品质，还要获得多种劳动角色体验；不仅感受到劳动的快乐、生活的乐趣，还要形成“行动就有收获，劳动创造奇迹”的积极创业思想。在这样的目标指引下，课程资源开发就要努力围绕以下几点展开，即：热爱劳动、珍爱生命、合作担当、问题解决、健全人格。劳动促进儿童人格的完整，创造幸福的童年生活。

1. 辨识劳动的意义

如何让学生产生劳动的愿望？证大小学的做法是开发阅读资源，带领着学生走入书的宝库，在各类文献中找寻劳动对于人的意义。

低年级学生从绘本中寻找“劳动”。用自己勤劳的双手种出美丽鲁冰花的“花婆婆”，从剪羊毛开始到制作成一件羊毛衣服的勤俭牧羊人“阿利”，会做木工、会缝围裙、会烤蛋糕、会补轮胎的“小海狸”……让孩子们感受到“劳动最美丽”。

中年级学生在温习唐代李绅的《悯农》、宋朝翁卷的《乡村四月》、王禹偁的《畬田调二首》、曹文轩的《青铜葵花》等名篇名著中，感受劳动在中国源远流长的文化传统中的价值，发现劳动的伟大。

高年级学生则沉浸于历史上勤劳人物的探寻。大禹治水三过家门而不入，司马迁发愤著成史家之绝唱，诸葛孔明辅政鞠躬尽瘁、死而后已……勤劳，作为一种传统文化基因，深深地嵌入了中华民族生生不息的血脉之中。随后，高年级学生开展“了解父母的工作”调查活动，请父母拍现场工作照片、讲劳动故事，用心感悟父母的勤劳美德。孩子们发现，劳动很辛苦，劳动需要付出，但是劳动最光荣。

2. 设置劳动的岗位

在校园里，是有很多劳动岗位可供学生选择的，关键是要进行结构化地梳理。证大小学的做法是设置“校园小管家”“生命守护员”“卫生小使者”“用餐小帮手”“安全小卫士”五大劳动服务岗位，讨论制定了各岗位职责，确定岗位服务人数，形成了阶梯式的劳动认领项目。

● 适合低年级的劳动项目：这是一些需要长期坚持的简单劳动，比如教室生物角、图书角的管理，包干区的卫生保洁，等等。

● 适合中年级的劳动项目：这是具有一定难度的、需要一定协调能力或者需要特殊才能的劳动，如体育馆、音乐室等各个功能教室器材的整理，“星光银行”“星光拍卖行”的工作人员，校园小导游，等等。

● 适合高年级的劳动项目：这是需要具备一定知识背景、一定体力等条件的劳动，比如养殖热带鱼、养护盆景植物等，也包括学校开展各种集体活动的场地布置、桌椅搬运等。

除了校级劳动项目，各班级也可以根据具体情况设置班级劳动岗位。

3. 构建教育的机制

仅仅有了岗位还是不够的，还需要某种活动机制来激励学生在岗位上认认真真地开展劳动。怎样才能激发学生长久的、持续的劳动兴趣呢？证大小学创新劳动教育课程实施中的评价激励方式，采用劳动创业“星光币”的方案来引导学生在劳动岗位上主动实践。

首先是发行校园劳动创业“星光币”。让孩子承担劳动任务并与一定的报酬挂钩，这是目前一些国家常见的做法。借鉴这一做法，证大小学把学生的劳动与创业紧密结合起来，在校园发行校园流通币，因“星光教育”是学校特色，故取名为“星光币”。“星光币”既是对学生劳动成果的定量评价，也是对学生劳动积极性的正面奖励。

其次是成立“星光银行”“星光拍卖行”“星光创业商店”。学生通过劳动获得“星光币”后，如何管理自己的“星光币”呢？学校模仿现实社会生活，继续为学生搭建劳动服务平台，筹划成立学生自己的“银行”。“星光币”不能只存银行，积攒了“星光币”，要让它流通起来，发挥“星光币”的作用，体现它的价值。对此，有人提议搞一个“拍卖行”，让学生把自己的私人藏书、个人集品等有价值、有意义的物品用“星光币”的形式进行拍卖；还有人提议开一个“商店”，让学生可以直接用“星光币”购买学习用品。

运用与活化

让劳动擦亮每一个日子

对以劳动岗位为载体的劳动教育课程来说，“有岗位”只是资源开发过程中的一个重要步骤，如何让学生在岗位上“有贡献”是接下来要考虑的重要问题。从资源的活化运用上，借鉴证大小学的做法，我们提出以下几点建议。

1. 在岗位上立志

现实生活中，但凡在岗位上做出贡献的人，无不是对这个岗位有着深厚的感情，对岗位的意义有着深切的认知。让学生在一个岗位上开展劳动实践，让他先了解这个岗位是非常好的做法。证大小学的做法是“仪式化”。课程开展之前，学校会举行“‘星光币劳动创业’启动仪式暨‘星光银行’‘星光拍卖行’‘星光创业商店’成立典礼”。在典礼上，老师会详细讲解校园劳动项目及认领方式，为“星光银行”的“行长”、“星光拍卖行”的“拍卖师”、“星光创业商店”的“营业员”授牌。满满的仪式感让学生对自己所承担的劳动岗位有了更加深入的认识。

2. 在岗位上学习

劳动创业岗位设立后，同学们都领到了自己的岗位。在劳动岗位上，并不是只要埋头苦干就行了，还要抬头看路，仰头思考，这就是一个学习的过程。譬如，证大小学二（2）班的小施同学是一位称职的花草养护管理员。虽然她只上二年级，但是自从当上花草养护管理员以后，她成了一个名副其实的小园丁。只要天气晴朗，她就会把底楼楼梯间的每盆花草放到太阳下面，让植物享受阳光，并且定期浇水，把枯黄的叶子剪掉。在养护中，她发现有些植物似乎不是太喜欢晒太阳，于是，她又去请教科学老师，了解哪些植物不能晒太多太阳，哪些植物不需要一直浇水……自从当上“小园丁”后，小施同学能够叫出很多植物的名称，还知道了它们的生活习性。

3. 在岗位上体验

人人都有劳动岗，关键在“劳动”二字。劳动教育不是单纯的知识灌输的教育，而是融合了知识、技能、方法和价值观等在内的教育活动，关键要让学生体验。证大小学二楼棋桌和书吧是全校学生最喜欢的地方，学生在课间或者放学后会在这里读读书、下下棋。刚开始时，总有同学会把书和棋子乱放乱摆，虽然老师们利用晨会课进行了规训，但收效只是一时，没过几天就会又成老样子。自从有了“书吧棋桌守护者”以后，书和棋子都摆放得整整齐齐。书吧棋桌管理员告诉我们：“以前我们天天要去整理几次，每次下课都会跑过去看看，但是我们慢慢发现这样太累了。于是我们调整了策略，给习惯好的同学以一元‘星光币’作为奖励，收到很好的效果，很多同学也慢慢养成了使用完以后主动整理的好习惯。”

4. 在岗位上创造

不管是“星光币”，还是“星光银行”“星光拍卖行”“星光创业商店”，都只是课程设计的资源，怎么用还是看学生。要原汁原味地做出效果，就必须认真研究资源设计的意图，让活动的每一个步骤都能落实课程意图。在证大小学，每周五是校园里最热闹的时候，“星光拍卖会”火热举行，拍卖程序完全仿照真实拍卖。从登记拍品到展示、介绍拍品，工作人员备足了功课。这一天，“星光银行”的工作人员也忙得不亦乐乎，“星光创业商店”更是生意红火。孩子们在快乐体验中挥洒汗水，在幸福成长中收获美德。

联结与管理

小岗位见大教育

劳动是人类最基本的实践活动，劳动教育是社会主义教育的重要组成部分，是培养学生从小爱劳动，使学生成为德智体美劳全面发展的社会主义建设者和接班人的重要途径。劳动素养是学生核心素养中重要的组成部分，劳动教育对培养学生核心素养有着牵一发而动全身的价值。因此，在课程资源的联结管理上，要做到三个“融合”。

1. 教育领域的融合

教育要促进学生德智体美劳全面发展，但并不意味着要把每个教育划分成一个独立的板块。劳动教育作为学校教育的重要组成部分，与其他各育共同实现对学生的教化与引导。基于校园劳动岗位开发所形成的劳动教育资源，当然可以也应该作为其他各育重要的资源，而这样一种劳动载体，也应该进入其他各育的教育框架之中，甚至成为研究的内容。比如说，为了更好地开展劳动，可能要到其他学科中去研究一些相关的知识与技能，练就、掌握一些绝活儿，这样才能够更好地开展劳动。

2. 教育主题的融合

由于学生的年龄特点，他们劳动能力有限，在劳动中经常做不到得心应手，因此会有很多挫败感。同时，劳动也会“占用”他们玩的时间，这也会让孩子们不愿意参加劳动。因此，我们开展劳动教育的时候，要从孩子的年龄特点出发，通过一定的活动形式来激发学生的兴趣，吸引他们参与劳动，比如有关劳动项目的练习、展示比赛等，以及本案例中呈现的通过劳动来换取报酬的方式。通过这些方式，能够逐步增强学生的劳动意识，增强他们的劳动能力，让学生体会到劳动的成就感。这些活动形式，又可以作为学校很多主题教育活动的资源。譬如，“星光银行”“星光拍卖会”“星光创业商店”等系列劳动实践平台的搭建，可以作为少先队岗位服务教育的资源，可以作为财商教育的资源，也可以作为诚信主题教育的资源。

3. 家校生活的融合

这个课程也可以成为促进家校沟通的重要资源，让家长更全面地了解劳动教育的重要意义，以及拥有劳动技能对孩子成长及未来生活的深远影响。同时，这个课程也是家庭（劳动）教育的重要资源，让孩子既认识到劳动的价值，又树立起“要花钱、自己挣”的劳动理念，培养孩子的独立人格。

很多学校都有类似“校园小管家”这样的综合实践活动主题。这个主题在做的时候要注意什么呢？首先，需要设置一系列学生喜闻乐见的岗位，让学生有平台去施展自己的身手，去开展劳动练习、展示和比赛等，引导学生热爱劳动。其次，要关注岗位上学生的体验。不仅要引导学生去劳动，还要让他们积极、主动地去做这件事。不能以为有了岗位，学生就能做好，教育从外部还是要做很多增进的工作。因此，我们要致力于创新劳动教育的形式，不断丰富课程资源的形态，为学生的劳动实践提供更大的支撑。再次，要深究做成了之后有什么收获，这就指向了综合实践活动课程目标。很多学校在小岗位上做了很多事情，但是其中大多更像是做了一些集体活动，而没有很好地把这些活动之中的教育价值点凸显出来。只有自始至终明确劳动课程究竟要达成怎样的目标，我们才能很好地在每一个学习活动中，在每一个孩子的身边，悄然地促进这些目标变为现实。

案例提供：江苏省海门市证大小学　仇丽君

本文撰写：江苏省南京市琅琊路小学　冯　毅

六足园里蝴蝶飞

——江苏省南京市凤游寺小学养殖种植实践活动课程资源开发案例

凤游寺小学是一所江苏省实验小学，也是南京市一所高品质的小班化教学学校。这所学校借助校园的地形优势，建了一座以保育和繁殖蝴蝶为主、坐落在校内的户外学习中心——六足园，开发了“六足园校园生态实验室”综合实践活动课程。建园十余年，六足园已经成为凤游寺小学一道亮丽的风景线。回顾与梳理六足园系列主题课程资源建设的历程，我们将看到这门课程如何为学生的养殖、种植学习体验提供支持，又怎么由小做大，一步步发展成为整个学校特色文化建设的核心特征。

发现与辨识

六足园里养蝴蝶

凤游寺小学坐落在南京城南，南京人称“老城南”。南京是十朝都会，老城南更是人杰地灵，文化遗迹随处可见，可谓墙缝里都有历史的刻痕。凤游寺小学里有一座小山，虽然很小，小到甚至不足以称之为山，却因为小小的蝴蝶而成为孩子们心中仰望的山峰。最初，科技老师为了组织学生开展养育蝴蝶的活动，在小山上搭了一个大棚，供蝴蝶保育科技小组活动使用。随着活动的开展，越来越多的学生对这里发生了浓厚的兴趣，没事就跑到这里来玩，慢慢从玩发展到探究，从探究发展到跨学科的综合学习。在旺盛的学习需求之下，原来的蝴蝶大棚无论从空间设计到功能定位都显得落后了。校长和老师们敏锐地感觉到这是一个重要的“转型机遇”，于是邀请专家来校指导，启动蝴蝶大棚的升级改造。经过热烈讨论，蝴蝶园改扩建方案新鲜出炉，因蝴蝶属于昆虫，再取昆虫的共同特征“六足”为名，将此地正式更名为“六足园”。

六足园是蝴蝶的栖息地，也是开发综合实践活动课程的资源地。在这里，有哪些课程的意义有待发现呢？首先，蝴蝶是人们喜闻乐见的动物品种。蝴蝶是生活在地球上的常见昆虫，因它们的翅上有非常美丽的图案，当出没于花丛中时，仿佛是美的使者在翩然起舞，营造出一种美的意境，因此受到人们的喜爱。在人类历史上，有着丰富的研究蝴蝶、鉴赏蝴蝶的历史，这不仅是科学史、文化史，更是人类和蝴蝶和谐相处的“关系史”，极具价值。其次，蝴蝶是儿童乐意亲近的昆虫种类。蝴蝶是典型的完全变态昆虫，在科学学习上，它和蛾一样，都是适合供学生饲养和研究的昆虫品种。因为蝴蝶外形美丽，孩子对其有一种天然的亲近感，有着很多想去研究的问题。为学生创造走近蝴蝶、研究蝴蝶的机会，不仅可以极大地丰富他们的认知，还可以提高学生问题解决的意识和能力。再次，蝴蝶是学校可以开发的综合课程。以蝴蝶为资源开发课程，这是很多学校都可以做的，其中“大有文章”。凤游寺小学依托六足园这一资源汇聚地，开发了综合实践活动课程——“六足园校园生态实验室”综合实践活动课程。课程愿景围绕“珍爱生命，敬畏自然”这一核心价值，让每一个学生都能以博雅的学识立足自然，以通达的视界认识自我，以自由的观照面向世界，紧扣综合实践活动课程的目标，具有很强的操作性和实践意义。

凤游寺小学还将六足园课程资源的开发与校园文化建设紧密联系在一起。凤游寺小学地处古凤凰台遗址，是一片古老而诗意的土地，李白、王安石、陆游、杨万里、王冕、萨都剌、白朴等诸多诗人都曾在凤凰台上用诗歌写下对国家沧桑兴亡的深刻反思。他们借景抒情，托物言志，以凤凰寓意治国安邦的人才，以凤凰的品质要求自己，心怀苍生，表达出以天下为己任的高远之志。因此，学校确立了“济美兴贤”核心价值观，希望“凤凰去已久，正当今日回”。如果将凤凰台与六足园做一个联结，我们会发现它们在精神内核上是一脉相承的。建在凤凰台上的六足园不仅仅是一个研究蝴蝶的地方，更是一座修养德行的精神家园。在“济美兴贤”核心价值的观照下，学生怀揣学习责任，练就本领，成就更好的自己。

挖掘与重组

建在学校里的户外学习中心

经历了上述思考，我们就能理解凤游寺小学六足园系列主题课程的教育价值为什么从以下三个方面来定位：一是希望每一个孩子成为自然观察家、人文思想家，在观察、认识、体验、思考中广泛发展敏锐的感知力，以深厚的人文底蕴和执着的科学精神立足自然。二是希望每一个孩子成为互动合作家、生活体验家，在学习共同体中增进互动及合作学习，能够通达地利用自己所学解决生活中的真实问题，在学会学习、健康生活的基础上认识自我。三是希望每一个孩子成为互联分享家、环境实践家，通过各种技术手段进行分享，拓展国际视野，建立与凤凰台文化休戚与共的情怀、永续发展的实践能力，以足够的责任担当和实践创新面向文明。

以上述教育价值为观照，六足园系列主题课程资源建设不能只是养蝴蝶、种植物和创设供蝴蝶生活的小生态，必须建成一个更大的学习中心，这就是学校所说的“建在学校里的户外学习中心”，课程资源的建设必须要能够支撑起“学习中心”的全部功能。学习中心应该怎么建设呢？从不同的角度看会有不同的建设方案。但是，不管怎么看，围绕学习这个核心，有几个基本问题是必须要回答的，诸如：让学生在哪里学习？学习什么？怎么学习？在哪里学习涉及空间设计，学习什么涉及课程设计，怎么学习则关涉到学习样态设计。

1. 学习空间设计

从空间功能上看，六足园是一个校园生态实验室，它以保育和繁殖蝴蝶为主，建在校园里是一个户外学习中心。作为一个开放的学生探究蝴蝶成长奥秘的研究场所，它必须能够满足这样的需求：每一个孩子都可以到园子里和蝴蝶做零距离的接触，观察蝴蝶，研究蝴蝶。

随着“互联网 +”时代的到来，学校也在不断创造新的学习空间，打造“家庭实验室”“校园实验室”“区域共享实验室”三个层级的实验室。“家庭实验室”主要做网络直播课，“校园实验室”主要做以 STEM 项目研究为抓手的数字化研究中心，“区域共享实验室”主要依托“生态教育”联盟，通过网络辐射更多的学校。

2. 学习内容设计

“六足园校园生态实验室”课程分 6 个年级、6 大主题、24 个单元模块，实施跨领域探究性学习，其框架如表 2-1 所示。每个年级按照科学、文学、美学、数学这四个维度实现“横向四维导向”，依据学生身心发展规律实现“纵向六级进阶”，逐年对“珍爱生命，敬畏自然”这个核心目标加深认识。

3. 学习方式设计

我们认为，学习方式的设计也是课程资源开发的应有之义，对学习方式的预设直接决定了学习空间需要怎样建设才能为学习提供支持，同时也会影响到课程内容的设计与实施。

凤游寺小学在开发课程资源的同时，在课例总结的基础上，归纳出“情境提问—操作体验—思考探究—澄清评价—再行动再操作—品格润育”的活动思路，最终梳理为六足园课堂学习流程，力图构建依规律、循方法、有策略的六足园课堂样态。

表 2–1 “六足园校园生态实验室”课程框架

活动主题	活动年级	活动领域			
生活中的蝴蝶	一	会飞的花朵（认识蝴蝶）	咔哧咔哧吃不停（绘本阅读）	蝶儿穿彩衣（儿童画）	“蝶蝶”不休（数数字）
校园中的蝴蝶	二	校园中的蝴蝶（认识蝴蝶种类）	蝴蝶传说（民间故事）	折折蝶蝶（折纸）	蝴蝶小数据（数列）
蝴蝶和它的朋友	三	舞蝶觅食（蝴蝶的习性）	观蝶吟诗（儿童诗）	游园戏蝶（体育舞蹈）	“蝶”影重重（对称）
饲养蝴蝶	四	超级变变变（蝴蝶的一生）	发现之旅（观察日记）	蝶声蝶影（唱歌）	加油快快长（数据统计图）
蝴蝶监测	五	蝴蝶知多少（常见蝴蝶种类）	六足园小剧场（戏剧表演）	蝴蝶随手拍（摄影）	“蝶”报行动（数据监测）
六足园毕业设计	六	蝴蝶的天敌（食物链）	蝴蝶小论文（研究报告）	六足园里的生态危机（社会情怀）	蝴蝶经济学（数据分析）
		蝴蝶科学院	蝴蝶文学院	蝴蝶美学院	蝴蝶数学院

运用与活化

问题导向的综合学习

在“六足园校园生态实验室”课程中，对蝴蝶的养殖是基础性活动。但是，不能把目光局限在养蝴蝶上，而应该引导学生基于蝴蝶提出问题、研究问题。也就是说，要把重点放在特定的、真实性问题的探究上，强调利用各个学科相互关联的知识和技能解决问题，实现跨学科学习，从综合应用知识的角度提高学生解决问题的能力。

凤游寺小学是一所小班化学校，教师基于小班教学理念，提出了一个大胆的想法：能不能利用“六足园校园生态实验室”课程，帮助每一个学生都寻找到一种状态，能够在学习行为、学习习惯、学习态度上有所改变？能否把学习视为一种必然的责任放在心中呢？这样的想法就带来了运用与活化“六足园校园生态实验室”课程的基本思路。

1. 落实发展目标

凤游寺小学为五年级学生设计的“蝴蝶监测”活动，正是由一个真实问题引发的。蝴蝶是一种对于环境变化极其敏感的昆虫，被称为环境质量的评价者。如果蝴蝶数量下降，则说明这里的环境发生了变化，需要引起人们的警惕。学校利用自己作为“全球蝴蝶监测南京市城南地区监测点”的特殊身份，在每年的 4 月初至 5 月底，组织五年级学生带着各种器材，来到附近的长干里进行蝴蝶监测。在整个活动过程中，需要学生达成以下发展目标（图 2–1）。

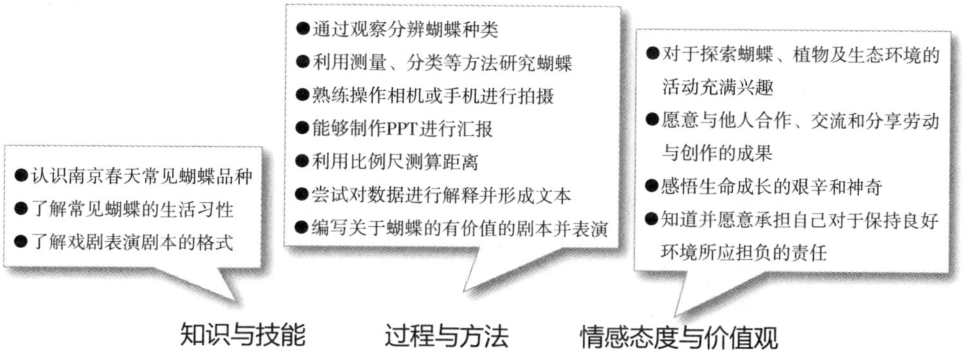

图 2–1　“蝴蝶监测”活动发展目标

这些目标的达成，融会在蝴蝶科学院的“蝴蝶知多少”、蝴蝶文学院的“六足园小剧场”、蝴蝶美学院的“蝴蝶随手拍”和蝴蝶数学院的“‘蝶’报行动”四个单元模块之中。教师会以许多真实的小问题支撑起整个活动。比如，请每个小组尝试选择一条合理的路线进行监测，学生可以利用数学的比例尺，也可以利用导航等技术手段。再比如，学校周边有一处胡家花园要重建，在建设还没开始的时候，教师就让学生预测：如果未来胡家花园一带进行施工重建，会对蝴蝶有什么影响？

解决这些问题，学生要调动的不仅是陈述性知识，还有程序性知识和策略性知识。事实证明，每一个学生都很乐意投身于这样高水准的挑战学习之中。通过一系列的亲历学习活动，学生会真切地感受到一种社会责任感，充分认识到人总是与他人和自然界共存，人类需要承担起对自然、对社会的责任，从而树立可持续发展的科学观念。

2. 改变学习样态

六年级学生需要完成他们的毕业设计，完成小课题研究。教师为他们准备正式的开题报告表格，立项后，以小组为单位进行分组研究，最终进行小组汇报及答辩。比如，六足园里要新栽一批花草，种在哪里好呢？有一组孩子想要研究“六足园不同区域土壤的肥沃性差别”，他们用了七种不同的方法来观察。第一种方法是看土壤的颜色，第二种方法是看土壤的适耕性，第三种方法是看土壤的淀浆性及裂纹，第四种方法是看土壤的保水能力，第五种方法是看水质，第六种方法是看植物，第七种方法是看动物，最终形成量表，得出结论。再比如，有一组学生觉得六足园里只有五种蝴蝶，不够多，就开始了“六足园新蝶种引进计划”。蝴蝶的引进要考虑寄主植物等一系列生存环境的影响，因此在一番调查研究之后，这组学生提出自己的前期假设，购买蝴蝶蛹，亲手制作化蛹袋，顺利实现破茧成蝶，交配产卵，最后完成并提交了一份“六足园新蝶种引进方案”。

在以真实问题为引领的学习活动中，教师并不是以一个分数或是一个结果来评判学生的付出。学校提出了非常有震撼力的理念——一个孩子，就是一套表达系统。测量、统计、口头表达、书面表达、制作 PPT、制作统计图、设计表格、查找资料、绘画……每个孩子都能借助自己胜任的技能，以喜欢的方式表达学业获得。

3. 关照学生个性

在六足园里，每一个孩子都能找到一种“被需要”的感觉，都能找到自己的独特价值。在风游寺小学，有一个罹患先天性心脏病的孩子，各方面表现都“拿不出手”，但在小组进行“六足园物种多样性研究”的时候，他却是最会捕捉蜘蛛的那一个，最后被全班称为“蜘蛛捕手”。更值得欣喜的是，他在研究性学习的全过程中，表现出与以往不同的学习热情与态度。还有一个在全校出了名的“捣蛋分子”，由于对昆虫有着极大的热情，终于在六足园系列主题课程的学习中发挥出学习潜力，他所设计的蝴蝶 Logo 获得了全校一等奖。

联结与管理

彰显学校特色文化发展的核心特征

不论是怎样的综合实践活动课程主题，它都是在学校发生的，应扎根在学校的文化情境中。如果课程的开发者能够有强烈的“校本意识”，他们往往能巧妙地将校本理念和综合实践活动课程的目标结合起来，在资源开发上实现共享共生。

1. 学习领域的综合

对于六足园校园生态实验室而言，它不只是在科学探究方面有用武之地，也不仅是兴趣小组的少数同学才能享用的资源。在资源开发上，六足园系列主题课程努力避免“学科化”倾向，实现全学段参与、多学习领域的综合性学习。在与国家课程的对接上，六足园系列主题课程走的是基于分科教学融合与建构的路子，通过大单元整合教学，促进各学科教学和六足园课程融为一体。

2. 校内资源的整合

六足园系列主题课程资源开发的主体是教师和学生。学校采用的是边开发资源、边进行尝试的方式，课程活动结束形成电子资源库，其中有教师的活动设计方案，学生的活动单、学生作品等。在课程实施的过程中，学校也很重视学生自主创新学习资源。在高年段学习中有一个叫作“毛毛虫时间”的板块，学生在完成学习任务后，提出新问题进行后续思考和研究，或回应上一届学生留下的问题进行研究，或干脆研究与蝴蝶无关的生成性问题，实现迁移性学习。上述所有学习活动的过程性资料都一一归档，成为下一届学生学习的资源，实现资源的动态生成良性循环。

六足园系列主题课程的所有资源在校内都是开放的，也就是说各门学科、各种活动都可以搭载在课程主题的平台上，都可以调用课程资源，实现了课程资源效益的最大化。

3. 校外资源的对接

六足园系列主题课程始终保持着足够的开放度，与国内外有志于此的学校进行积极的合作与交流。国内有多所学校与凤游寺小学联系，学习它在城市校园内建设生态园、开发生态课程的经验。六足园校园生态实验室也逐渐走出校园，带领学生越来越多地参与到蝴蝶专家所研究的大课题中去，让这所建在校园里的蝴蝶生态实验室不断走向更加广阔的领域。

在进行综合实践活动课程资源开发的时候，养殖种植是一个非常好的主题，也是常见主题，很多学校在这方面做出了有益的探索。相比于本案例中的六足园，更多的种植基地、养殖基地规模更大，功能更多，效益更明显。我们讨论本案例，是希望在种植与养殖类课程资源建设上达成一些共识，从而使资源的建设能够进入一个良性的轨道。

首先，资源建设立意要高，要有明确的价值取向。不能说养蝴蝶就只是养蝴蝶，种荷花就只是种荷花，而要通过蝴蝶、荷花等载体实现更高的育人目标。其次，要看到教师和学生是资源开发的主体。不管是在有形的空间资源的建设上，还是在课程的设计上，都要有教师和学生的全程参与。再次，最好的资源也许还在路上。做课程资源建设时要有开放的心态，一个空间、一门课程要不断地发展才能永葆活力。最好的资源也许还在前方，等待着我们去发现。

案例提供：江苏省南京市凤游寺小学　陈同非

本文撰写：江苏省南京市琅琊路小学　冯　毅

我们的“智造”空间

——江苏省无锡市第一高级中学的创客教育课程资源开发案例

江苏省无锡市第一高级中学（以下简称“无锡一中”）是江苏省四星级高中。该校在科技创新教育领域成绩斐然，尤其在高中生创客教育项目上，自立项开展以来，在各级各类大赛中屡获佳绩。同时，该校在创客教育上坚持走“拔尖”和“普及”相结合的路子，从大课程、大教育的视角来推动创客教育。该校在创客课程资源建设上所积累起来的做法和经验，不论对于科创课程、活动、竞赛的一体化建设，还是对于以创客教育为主题的综合实践活动课程资源开发，都具有借鉴价值。

发现与辨识

从创客教育到创客课程

无锡一中高度重视科技创新教育，尤其在创客教育上成绩显著，表现出强大的底蕴支撑和开拓实力。学校每年都参加中央电教馆举办的中小学生电脑制作活动中的创客项目、中国科协等举办的计算机表演赛中的创客挑战赛、中国教育技术协会举办的校园创客作品展等比赛项目，学校也组织了校园创客嘉年华、校园创客分享会等活动，协办了江苏省创客大赛、无锡市中小学创客节等赛事。熟悉中小学科技创新教育的人都知道，学校开展创客教育很容易做成精英项目，以少部分学生为参与对象，以训练为活动方式，以参赛获奖为目标，这显然就削弱了创客教育的真正意义。不论从学校的教育理念出发，还是从学生核心素养的发展出发，抑或从推动创客教育在高中教育阶段的发展来看，都需要重新定位创客教育的价值和目标。对创客教育来说，搞一两个活动很容易，难在课程化，其原因很多，其中一个重要的原因是我们对于创客资源本身的价值认识不够。那么，创客作为一种课程资源，它的价值当如何发现和辨识呢？

首先，创客是公民终身学习的“新空间”。2015 年，李克强总理在政府工作报告中对“推动大众创业、万众创新”做了重要指示。同年，在第二次全国教育信息化工作电视电话会议中，刘延东副总理提出，要把握“互联网 +”潮流，通过开放共享教育、科技资源，为创客、众创等创新活动提供有力支持，为全民学习、终身学习提供教育公共服务。可见，创客的意义在于它为当代公民创造了一种学习与创新的新方式，为终身学习开辟了新空间。

其次，创客是师生自主发展的“新需求”。一门课程能发展起来，有专业的指导教师和有志于此的学生也是非常重要的原因，这在创客这类专业性很强的科技类课程上表现得尤为突出。在无锡一中，专业创客指导教师的加入是该校发展创客教育的一个重要原因。这些专业教师在校园里弘扬“创造、协作、分享”的创客精神，唤起了更多师生投身创客活动的热情。通过积极投身创客活动，学生意识到提高信息素养和创业创新能力的重要性，从而愿意花时间和精力去补强自己在这方面存在的短板。

再次，创客是学校教育体系的“新板块”。开展创客活动可以锻炼学生动手实践的能力，提高团队合作的意识，拓展创新创造的思维等，这些都是创客教育的本体性目标，也是综合实践活动的课程目标。同时，它和学校教育的理念也是高度契合的。如果创客课程资源的开发能够主动地对接校本教育理念，不仅能成为培养学生科技素养的重要载体，还能为学校既有教育体系创造新的实践板块。

挖掘与重组

打造人在中央的创客空间

如果要开发一门以创客为主题的综合实践活动课程，我们首先想到的恐怕就是资源了。在资源当中，实体化的创客空间肯定是重中之重。那么，是不是我们配置了高大上的创客主题空间就算完成了资源建设呢？答案当然是否定的。不论是创客空间，还是扩展到更大领域、更多主题的科创类课程资源建设，最容易建设的是硬件（虽然硬件往往要花很多钱），最难关照的是人。是人，是我们的师生在创客空间里学习，所有的空间、资源的建设都要做到眼中有人，要凸显学生的学习。因此，我们需要用学习的逻辑统领资源的开发工作，最大限度地促进学生的学习真正发生。

1. 场所

一个创客空间得有一个显性的场所，它可能是一间教室，甚至是过道、走廊拐角等任何一个小场所。无锡一中的创客空间位于学校的科技楼里，包含 8 间教室，用于创客教育相关的教学与活动，分别是 Arduino 开源硬件教室、手工 DIY 教室、VR 体验教室、3D 设计与打印机房、创客实验室、机器人专用教室、交流与研讨中心、学生活动场所。各室充分满足必修、选修课程开设要求和各种创客活动的需求，深受学生欢迎。

2. 课程

创客中心所开展的学习活动足够吸引学生的关键，在于有吸引人的课程，要让学生觉得这个内容就是我要学的。无锡一中的创客类课程分为面向全体学生的普及型课程和面向个体的个性化课程。普及型课程是为提高学生的基本素养而开设的，包括创客方面的必修课、选修课和活动课。必修课中，在通用技术课程中融入创客的理念，设立了台灯、纸桥和杯垫等项目的设计与制作。另外，学校每学期开设近20门科技、艺术方面的选修课和活动课，其中开源硬件类、机器人类、互动媒体类、3D打印类等课程颇受学生欢迎。个性化课程是面向部分学生开设的课程，包括大学选修课、竞赛辅导课、兴趣小组或社团课。具体来说，有结合科技班特色开设的STEM、创客“智造”等课程，有面向有意参加各类创客比赛的学生开设的竞赛辅导课，还有面向研究性学习小组和学生社团开设的兴趣小组和社团课。

3. 评价

改变传统的评价方式，评价学生设计与制作的作品的贡献度，而不是用分数来评判与区分学生的高下。无锡一中的做法是对参加普及型课程学习的学生，主要采用表现性评价，如学校多次组织校园创客分享会、校园创客嘉年华活动，协办江苏省首届创客大赛、无锡市校园创客节活动，这些活动都为学生展示自我、开阔眼界提供了平台。参与个性化课程学习的学生，在表现性评价的基础上还要看各类竞赛中获奖的成绩。

4. 师资

在学校参与创客教育的教师一般都是以技术学科老师为主，物理、化学、生物实验室的部分老师也会参与其中。当然，校外专业人士的支持是必不可少的。在无锡一中，就有南京师范大学常年派遣的研究生作为学生创客指导师。所有参与工作的教师分工明确，有的负责选修课教学，有的负责指导学生社团课外活动，有的负责辅导兴趣小组参加竞赛……学校已经初步形成了以技术老师为核心骨干、以高校教授为专家引领的创客教师研究团队。

运用与活化

成就每个人的“智造”空间

从学校的创客空间，到“我的‘智造’空间”，这是理念的跃升，它为创客资源的运用指明了方向，也为基于创客资源的教学设定了基本的思路。无论选修课、活动课，还是社团课，都要能够助力学生自己去进行创客学习。

1. 选修课的学习

这是无锡一中普及创客知识的主阵地，开设了 Arduino 创意机器人、人工智能之 Micro:bit、3D 打印机 DIY、3D 建模与打印等课程。由于选修课周课时只有 1 节 40 分钟的时间，因此选修课是以普及基础知识和基本技能、激发学生兴趣为主。在课堂上，学生主要以小组合作的形式学习，以教师给定的项目为任务来进行造物活动，评价也是以学生对基础知识和基本技能的掌握情况和课堂任务的完成情况来判定。

2. 活动课的学习

这是对选修课的补充，选修课上引导学生激发出主动造物的想法，活动课则为他们提供场地、器材以及教师指导，这样的课程通常是短期的、学生主导的。教师会跟有需求的学生提前商定好，主要利用午餐、晚餐、大课间、自修课等时间为学生提供一些便利条件，并且针对他们遇到的困难提供一些帮助。评价方式基本是学生自我评价，即对自我设定任务的完成情况的判定，教师主要起引导作用。

3. 社团课的学习

这是面向社团学生的，这些学生都有着浓厚的兴趣和造物的欲望，主要是利用周末的时间来进行活动。学生先对一些项目进行模仿，在模仿的过程中来创造，形成自己的创客作品。这些学生的项目往往较为复杂，社团指导教师不仅要为学生提供知识技能方面的指导，还要为学生完整地开展项目研究提供指导，包括前期的调研与设计、制作过程中相关环节的记录、照片的拍摄，甚至要求他们写一份制作说明文档，并拍摄一个介绍与演示的视频等。

为了充分彰显学生在创客学习中的主体性，教师要更新教学观念，改变教学模式，把创客的意蕴落实在每一次的教学之中。具体而言，一是强调生成式造物。即强调学生将想法变成现实，关键是要造出“物”，这是创客的特点。在教学中可能会遇到很多问题，如有的学生有想法但不愿去实现，有的学生作品做到一半就放弃了……另外，造物的项目也有大小之分，如何依据大小项目合理安排教学套件的使用，需要教师根据学校的实际情况去设计。但无论如何，我们都应该鼓励学生去造“物”。二是注重启发式教学。在创客教学中做到启发式教学，需要教师启发学生从解决实际生活中遇到的问题出发设计解决方案，同时采用多种方式来启发学生的思维，调动学生的学习主动性和积极性，促使他们设计出更具实用价值或者更好玩的创客作品。用心设计的作品实现之后，学生往往能获得更大的成就感。三是关注全人教育。在创客教学中，我们不能停留在教学生创客知识和技术上，而是应该多方面培养学生，以促进学生的全面发展。

联结与管理

构建科创教育的金字塔体系

在学校课程框架中，创客教育课程不是孤立的。从科创课程的角度来看，创客类教育只是其中的一个类别；从综合实践活动课程上来看，即便在信息技术领域，创客只是一个主题。它应该怎样和其他的课程资源联结在一起并进行一体化管理呢？我们提出的思路是，在观念上，它是由大的课程观统领和其他课程发生联结的；在技术上，则是通过构建科创教育的金字塔模型来实现整合。

1. 从理念上看

课程是学生成长的跑道，有怎样的课程，就有怎样的学生。譬如，无锡一中的理念是通过设计校本课程，给学生更多可能。每一个学生都是独特的个体，在促进学生全面发展的同时，也要充分考虑学生的个性化发展。该校所构建的科学实验、人文阅读、社会实践、创意课题四大类课程为主的校本课程体系深受学生喜爱，显然，创客类课程在其中贡献良多。

2. 从技术上看

创客课程要和科技教育的其他课程也就是平行的课程相联结。创客课程是创客比赛和创客活动的基础，创客比赛和创客活动是创客课程的延伸与补充，它们之间是相辅相成的关系。如果仅有创客课程，普及创客教育很难达到理想的效果；而如果仅有创客比赛或者创客活动，创客教育似乎又有了精英教育的嫌疑。无锡一中的创客教育是面向全体学生的，参与创客活动的学生主要来源于自主选修课、科技类社团、兴趣小组等，而参加创客比赛的学生则是其中的佼佼者，这样便形成了金字塔型的学生创客梯队与竞赛选拔机制。这里需要说明的是，就创客主题来看，不是说它是学校科创教育体系金字塔的塔尖，而是它本身就是一个金字塔，有不同的层级。在每个层级上，创客课程都要和国家课程、校本课程发生关联，从而实现资源共享。

此外，创客课程资源开发还需要和其他学校的创客课程相联结，保持开放性和活跃度。也就是说，一个学校的创客课程要和上级青少年科技活动主管部门联合，同时要和很多合作的友邻学校联合，甚至还要和网络上志同道合的创客们进行联合，形成资源共同开发的格局，为创客课程的建设注入活力。

作为设计制作类活动，信息技术领域的很多主题都是深受高中学生欢迎的综合实践活动主题。这一类课程资源的开发要避免只重硬件不重软件的状况，也要避免走入过于凸显“物”而忽略“人”的误区。无论怎么建设资源，都要坚持“人”在中央的理念，以学生的学习作为核心。

为了更好地促进学生的学习，在资源建设上要遵循三个原则：第一是主体性，课程资源的开发要有师生的参与，不能有“我来建设你来用”的想法，而要建立“你们说说看需要什么，我们一起想办法”的思维方式。第二是个性化，资源的建设不能是整齐划一的，而是要能给不同学生的不同兴趣提供足够的支撑。第三是开放性，不能说一次投入永久使用，而要有战略眼光，为将来的发展留有足够的余地。

案例提供：江苏省无锡市第一高级中学　张　禄

本文撰写：江苏省南京市琅琊路小学　冯　毅

五月槐香醉童心

——江苏省南京市琅琊路小学“槐花节”课程资源开发案例

“槐花节”，是江苏省南京市琅琊路小学“小主人节日文化”系列活动中的一个项目。每一年，在校园里的老槐树槐花盛开的时节，三年级的孩子们都会欢欢喜喜地过上一次“槐花节”。从课程的角度看，“槐花节”是一个综合实践活动的主题，它依托的是围绕着老槐树、槐花所开发的课程资源。如何从一棵树、一朵花生发开去，打开课程的视界，挖掘可用的资源，开展综合的学习，从而落实育人的价值，这是一个费思量的问题，却也是一个值得探讨的课题。

发现与辨识

老槐树下过个“槐花节”

琅琊路小学建校于1934年，校址所在地曾经是民国时期的使馆区，时至今日，各式异国风情兼具民国格调的建筑错落有致，烘托着校园的气质——宁静而典雅。校园占地面积不大，人们都喜欢称它为“琅小园”。在琅小园里，生长着几株高大的刺槐。这几棵树建校之初就种下了，推算起来，树龄已经超过八十年，是名副其实的老槐树。每年4月底5月初是老槐树的花期，树上挂满了雪白的花串，空气中弥散着醉人的花香。

巧的是，在苏教版三年级的语文课本上就有一篇课文叫作《槐乡五月》，这是一篇优美的散文，描绘了洋槐盛开的时节槐乡繁花似锦的盛况，刻画了以槐花为伴，勤劳能干、热情好客、淳朴可爱的槐乡孩子的形象。学生学习这篇课文的时候，正好赶上琅小园里老槐树的花期。低头，于字里行间品读槐花之美；抬头，在树梢枝头欣赏槐花之美，二者相映成趣，给人一种美好的享受。学生按捺不住了，也想像槐乡的孩子一样好好地享受一场槐花盛宴，纷纷提议——老师，我们也来过一个“槐花节”吧！

学生的诉求，引起了老师们的热议。过一个“槐花节”，这真是一个好主意。但是，这个节怎么过？若想超越活动思维而进入课程思路，就得从课程的视角去审视资源，对老槐树、槐花进行细致深入的再观察和再分析，挖掘出其中的课程价值，从而设计出既符合课程要求又适应儿童需求的课程内容。从课程视角来看，我们会对身边的老槐树有哪些新的发现呢？

第一，槐花是涵育文化、感受人文的绝佳题材。槐，是我们生活中常见的树种，其中国槐在我国栽培历史悠久，花和果实用处很多；刺槐又名洋槐，因其花气味芬芳、脱尘出俗，也深受人们喜爱，被广泛种植。因为槐树、槐花表现出来的旺盛生命力，古代人视其为吉祥、祥瑞的象征，从而产生了对槐树崇拜的原始信仰。对今天的孩子们来说，槐花虽然是自然物，却是带领他们走进中国传统文化、感受人文情怀的向导。

第二，槐花是儿童亲近自然、表达感悟的绝佳载体。从科学学科的视角来看，槐花是典型的蝶形花科，与学生一般认识和感受到的花的形态截然不同，是对学习经验很好的补充。槐花可观、可玩甚至还能吃，非常适合开展全感官学习。槐花可以做成各种美食和手工艺品，这又为创意物化提供了无限可能。

第三，槐花是开发课程、开展学习的绝佳资源。从学习的意义上去看，老槐树不只是一棵树、一处校园景观，而是一个学习的现场。老槐树下就是学习的“田野”,“槐花节”为孩子创造了一种在“田野”里学习的机会，营造出一种“现场”学习的氛围。

经过上述分析与讨论，一项以“五月槐香醉童心”为主题的综合实践活动逐渐清晰起来。“槐花节”综合实践活动所依托的资源是琅小园里的老槐树，但是绝不只是“这树这花”。活动的主题是“五月槐香醉童心”，核心是一个“醉”字。以何为醉？首推当然是槐花的花瓣之香，更兼有裹挟在槐香之中的书卷之香、美食之香、文化之香、友谊之香等。具体来说，以下资源有待开发：槐花的自然美，关于槐花的各种知识，文学艺术作品对槐花的审美创造，槐花美食的食用与文化价值，用槐花制作的各种装饰品的价值。

挖掘与重组

学习资源点亮学习地图

虽说老槐树并不简单，可挖掘的价值点非常丰富，但对其课程资源的开发也不必包罗万象，而要有所侧重。结合综合实践活动课程的目标以及对槐树、槐花的价值分析，可以将资源建设的目标确定为以下三个方面：一是亲近自然。学生与槐树、槐花亲密接触，在大自然中学习，达成课内外知识的融合，促进学习方式的改变。二是审美创造。学生获得审美体验，通过创意物化的方式创造美，表达对美好生活的热爱。三是文化认同。孩子们一起过节，体会仪式感，感受友情可贵，积淀集体意识，沉淀校园记忆。

1. 以主题为逻辑去挖掘

“槐花节”课程资源的开发遵循着一个既有的内在逻辑，那就是学生围绕着槐花所开展的审美生活的逻辑。老槐树、槐花本身，以及基于它们的观赏价值、艺术价值、探究价值、食用价值等所产生的物品、所开展的活动等，都可以作为课程资源加以开发。结合此前分析的“价值点”，可以从以下几个类别开发“槐花节”课程资源。

（1）游赏类资源。逐水而居，访花而游，这是中华民族传统的生活方式，也是经典的审美活动。琅小园的老槐树本身就是一种资源，由此出发，在南京城寻访有槐花的公园、街道等场所，可以是刺槐，也可以是国槐，形成一个游览、欣赏槐花的“主题地图”，这份地图可以供学生使用。同时，这个资源是生成性的，学生也可以将自己寻访到、曾经去过的槐花景点添加到这份地图中，拓展游赏类资源的畛域。

（2）阅读类资源。槐花带给人们美好的审美体验，被人们以文学的方式记录下来形成文学作品，包括诗歌、散文、小说等，这些都可以作为学生在“槐花节”中学习的资源。此外，学生自己创作的描写槐花的习作也是重要的阅读资源。对孩子们来说，为“槐花书架”贡献自己的作品，这本身就是一件有意思的事情。不知不觉中，他们自己也成了资源的贡献者。

（3）研究类资源。可以从不同的学科领域出发，从学科视角来开发关于槐树、槐花的学习资源。如数学领域中的问题，包括老槐树有多高、树干有多粗、树冠有多大等；科学领域中的问题，包括国槐与刺槐的相同与不同，各自的形态结构、生活习性、分布范围等；社会学领域中的问题，包括槐花的各种价值、与槐花相关的民间习俗等。研究类资源的开发试图给学生更加丰富的学科眼光，并且这种眼光是从单一走向融合，从而给学生更加综合的审美体验。

（4）美食类资源。在我国民间，槐花入药、入膳都有悠久的历史传统。槐花饭、槐花饼、槐花糕、槐花水饺……围绕这些槐花美食资源可以生发出很多学生喜闻乐见的活动。比如，可以通过广泛搜集槐花美食的“食谱”为学生选择做什么和怎么做提供丰富的菜单，还可以邀请各路擅长制作槐花美食的高手、达人来到学生中间，指导他们制作、品鉴美食。

（5）制作类资源。将槐花收集起来做成手工制品是孩子们喜爱的活动。槐花书签、槐花发卡、槐花剪纸等都可以作为创意物化的作品，用于自己收藏或者馈赠亲友。这类资源的开发不仅要关注最终制成的物品，其设计理念、制作工艺、工具使用等都应该作为资源进行整体性地开发，这样才能有助于学生学会通过制作活动表达自己的创意和体验。

2. 以学习为核心来整合

上述各种资源并不是零散地呈现在学生面前，需要整合起来才能构成整体性的课程资源。整合资源的内在线索是学习。为了能够清楚地看到各种资源是如何以学习作为内结构整合起来进而促进学习真实发生的，教师设计、绘制了“槐花节”学习地图（图 2–2）。

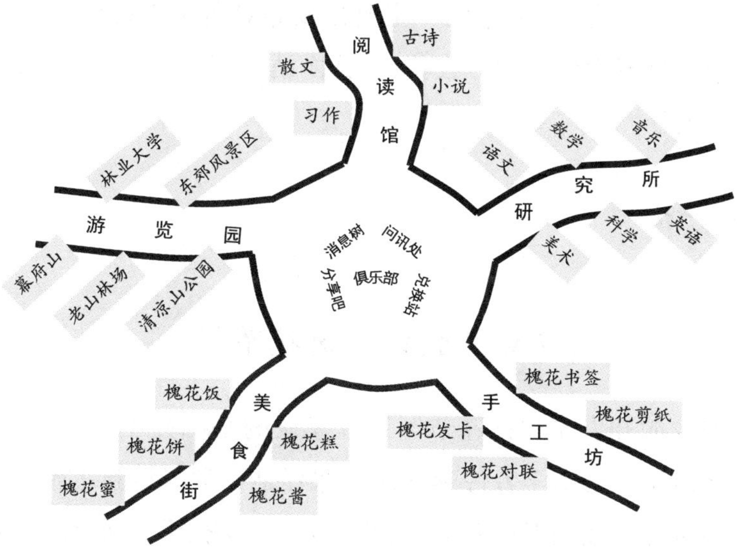

图 2–2 “槐花节”学习地图

从图中可见，老师们设计了一个虚拟的“‘槐花节’学习社区”，将此前开发的所有的课程资源分门别类地放在不同的“街区”中。其中，“游览园”是依托“游赏类资源”设计的；“阅读馆”是依托“阅读类资源”设计的；“研究所”是依托“研究类资源”设计的；“手工坊”是依托“制作类资源”设计的；“美食街”是依托“美食类资源”设计的。“街区”

指向领域，每一个“街区”都侧重于一个学习领域。但是，从整个社区的意义上看，这些“街区”并非截然分开的不同区域，相反，它们之间的界限并不明显，很多时候不同领域的资源都是共享的。譬如，一首描写槐花的诗歌，它既可以被“阅读馆”采用，又可以作为“手工坊”设计制作的素材。资源领域设计界限上的这种“模糊性”为融合教学意义的“确定性”创造了可能。

在这个社区的中央，还设置了一个“俱乐部”来组织和协调各项学习活动。其中，“问讯处”主要是告诉学生在每一个区域可以学什么和怎么学，学会了可以干什么，并发放学习单。这些学习单中，既有单领域的学习任务，又有跨领域的学习任务，指引学生去多个“街区”学习，然后再完成学习任务。“消息树”主要是发布各种最新的学习动态。“分享吧”是用来分享学生的学习收获。“兑换站”可以为完成学习任务的学生兑换学习积分。

运用与活化

经营“我的‘槐花节’”

课程资源的开发是“槐花节”课程建设的基础性工程，接下来还要对资源进行运用。日本学者佐藤学认为课程是“学习经验之履历”，是在学生学习的过程中逐渐形成并完善起来的，“槐花节”主题综合实践活动恰恰符合这一课程隐喻。也就是说，“槐花节”的课程资源只有在学习的过程中被加以调动，才能真正地“活”起来；在“槐花节”课程资源的运用中，“槐花节”课程真正地发生、生长。“槐花节”的课程资源是以学习地图的方式整合设计的，资源运用的关键，是要引导学生运用学习地图来经营“我的学习”。所有的课程资源不只是静态呈现在那里，它还需要动态激活。转静为动的机制，就是学生调动各种资源来建构属于

“我的‘槐花节’学习地图”。在资源的运用上需要考虑以下几点建议。

1. 注重学习的规划

综合实践活动强调“我的学习我做主”，这一点在“槐花节”主题综合实践活动中表现得格外明显。作为课程资源的集成，学校设计了“槐花节”学习地图，但是这份学习地图还是一个“公共版”，它需要在使用的过程中由学生来做个性化的定制，最终形成“个人版”。因此，“槐花节”课程资源的运用特别强调学生的自主性，它未必要面面俱到，但是每做一项都要有自己的体验。在“槐花节”开始之前，教师提前把空白的“槐花节”学习地图呈现给学生，结合学习地图向学生详细介绍“槐花节”的内容、学习方式和学习目标，学生就知道这个课程中可能会学到哪些内容，到底要做一些什么事情。随着学习进程的展开，每一个学生的学习地图都在不断更新、丰富和完善，一直持续到所有的学习活动任务完成，一份完整的学习组织图也就形成了。这份学习组织图真实地记录了孩子们“槐花节”学习的点点滴滴，凝聚着思考的力量，洋溢着收获的快乐。

2. 体现综合的意蕴

“槐花节”主题综合实践活动虽然在课程资源的开发上分列了五大领域，构成五个学习街区，但是这些领域并不是割裂的，街区间也不是不相往来。领域的划分是为了帮助学生建立一种学科视角，从不同的角度来看槐花，来感受槐花的美。譬如从“游赏类资源”的角度，学生可以欣赏到原生态的槐花的美，这是任何图片、文字都无法替代的直接经验；而从“研究类资源”的角度，还是那一棵槐树、那一朵槐花，学生却仿佛睁开了又一双慧眼，欣赏到截然不同的槐花之美。虽然一类资源聚焦一种视角，但是，我们的最终目标是帮助学生建立融合的眼光，即从不同的角度去看待同一个事物，这就要求教学具有融合的意识。因此，在课程资源的运用上需要将各种资源融会贯通，共同完成“五月槐香醉童心”的主题。一方面，在组织学生深入到每一个“街区”中开展学习的时候，都要同时落实亲近自然、审美创造和集体认同三个课程目标，从而实现“槐花节”活动的育人价值。另一方面，各领域的学习应该相互促进，共同达成课程目标。譬如审美创造，在“研究所”中形成的学科眼光能够更好地帮助学生在“游览园”中欣赏槐花之美，在“美食街”中品尝槐花美食，在“手工坊”中设计槐花饰品，这就提升了审美创造的品质。

3. 凸显个人的体验

运用同样的课程资源，学出自己的真本领，展现自己的真性情，这是“槐花节”活动所要追求的境界。也就是说，在运用“槐花节”课程资源的时候，需要教师有意识地聚焦、放大学生个人的体验。譬如，同样是做槐花美食，可以把焦点放在槐花招牌菜的制作上。既然是招牌菜，就要从自己的实际情况出发，结合自己的兴趣、能力来设计。招牌菜一定是强调用心而为，而不是随便做一做。做招牌菜之前，那是要好好研究一番的：做什么？选择什么食材？用什么方法？有什么寓意？都要仔细地考量。此外，还有一个做给谁吃的问题：是做给家人吃？还是做给同学吃？对这些问题，学生站在各自的角度会有不同的思考，获得不同的审美和情感体验。

联结与管理

建立“槐花节”活动的大格局

综合实践活动课程资源的开发，一个重要的特点是以学生为主体，围绕学生的日常学习生活整合多种资源，开放多维的学习时空。我们在开发“槐花节”课程资源时，并不是就“槐花节”谈“槐花节”，而是把“槐花节”放在学生日常学习生活的大情境中，将这一课程资源从理念到形态上都和其他的课程资源联结起来，力求形成整体育人的大格局。

1. 整体规划：回应校本理念

琅琊路小学的教育理念是“快乐做主人”，为学生提供“快乐做主人”的机会就构成了学校的课程文化，“槐花节”课程资源的开发也是在这样的文化背景下的一种实践探索。和其他课程一样，不管开发什么资源，都要“覆盖”学生快乐做主人的关键素养，譬如主动、规划、选择、决策、反思等。这种在文化理念和育人目标上的一致性，促使“槐花节”主题活动和其他课程形成同频共振效应，发挥共同的育人价值功能。

2. 各有侧重：达成课程目标

“槐花节”主题活动既是琅琊路小学的校本课程，以培养小主人素养为目标，同时它又是综合实践活动，有着培养学生综合素质的目标。具体说来，更侧重在“价值体认”和“创意物化”两个方面。而同类型的其他活动主题，资源开发的指向就可能在其他方面，如“鲲池”主题落在传承校园文化的“责任担当”上，“小水塘”主题落在既满足探究兴趣又杜绝安全隐患的“问题解决”上。

3. 重在应用：调动学业获得

“槐花节”主题综合实践活动讲求的是围绕真实的学习任务对各学科的学业获得进行综合调动。因此，在课程资源的开发上特别注重与学科课程资源的整合，以学科思维为核心，强调其对于“槐花节”学习大主题的贡献度。反过来，“槐花节”课程资源的开发也对学科课程的学习起到了积极的增值效应。

“槐花节”主题活动作为学校综合实践活动课程的重要内容，它的管理需要纳入学校课程规划的整体，并且进入常态化教学管理的序列中，这样才能保障课程的有效实施。在课程资源的管理上，主要采取了下列做法：首先，将“槐花节”主题活动纳入课程计划，作为琅琊路小学综合实践活动大菜单中的一项，并且列入三年级下学期的教学计划，写进4月份最后一周的课表中。这样做，就能确保“槐花节”活动的各项资源很好地管起来、用起来，包括什么时候打槐花、什么时候印发学习地图等，做到井井有条。其次，强调每个人都是资源的开发者、管理者。“槐花节”主题活动涉及多种资源，有的是教师来开发，比如“研究所”里学习单的设计，“阅读馆”里各种文学作品的收集等。有的需要学生和家长共同参与开发，如“游览园”里能够欣赏到槐花的具体公园、场所的名录，“美食街”里的具体美食品种等。再次，注重课程资源的动态管理。在“槐花节”主题活动进行过程中，各种资源不断地生成，需要做好汇总和协调，这样才能确保虚拟学习社区中“俱乐部”的正常运行。同时，一期“槐花节”主题活动完成后，做好各种学习成果的整理与收集也是必要的，它们都可以作为日后“槐花节”主题活动的资源进行二次开发。

在进行综合实践活动课程资源开发的时候，学校不可忽视校园里的各种景观。几棵古树、半亩方塘、一处亭台等，无不是课程资源，无不可以开发成活动主题。在琅琊路小学有“槐花节”主题活动，在其他学校可能就是大柳树主题活动、荷花池主题活动等。在进行资源开发的时候，我们首先要很好地分析这一类活动主题所蕴含的课程价值，思考如何在课程资源中挖掘和彰显这种价值，从而实现综合实践活动的育人目标。

不论最终开发出何种资源，以何种形式呈现资源，一个非常重要的原则就是要以儿童的学习为中心，体现学习逻辑。立足活动主题，对各种学科性、活动性课程中所习得的知识、技能和态度加以综合调动，应该是内嵌在课程资源中的“基因”，这样才能促进学生的学习，促进学生综合素质的发展。

本文撰写：江苏省南京市琅琊路小学　冯　毅

童年里的二十四节气

——河北省石家庄市保利启新小学综合实践活动课程资源开发案例

春天，当您走进保利启新小学的校园，那一片金黄的油菜花首先映入您的眼帘；夏季，菠菜、丝瓜、豆角……满校园的绿，红红的小草莓也会趁机偷偷探出可爱的小脑袋；初秋，那一架架紫色的葡萄让您垂涎欲滴；冬天，大雪覆盖了整个操场，而冬小麦正在为来年的返青积蓄能量。

这郁郁葱葱的小菜园，种植多样的试验田，为孩子们提供了一个不一样的童年乐园。保利启新小学利用这一资源将办学特色与二十四节气相结合开发了综合实践活动课程——童年里的二十四节气，从而推动学校课堂教学改革、校本课程的研发、学生评价的多元化以及教师的专业化成长。

发现与辨识

童年里的“体验乐园”

保利启新小学于2014年建校，坐落在石家庄市二环以内，主要生源是在城市里生活的孩子。对于这些没有农村生活体验的孩子们来说，四体不勤，五谷不分，小菜园只是新鲜新鲜，他们哪里知道什么节气种植豆子，什么节气收获稻谷，就连语文课本中提到的“二十四节气歌”，孩子们也只是机械地背诵，对“春雨惊春清谷天，夏满芒夏暑相连”的意思完全没弄明白。

陶行知先生说过：“生活即教育。”二十四节气是中国古代一种用来指导农事的补充历法，是中华民族劳动人民长期经验积累的成果和智慧的结晶。2016 年 11 月 30 日，“中国二十四节气”被正式列入联合国教科文组织人类非物质文化遗产代表作名录。二十四节气是认识农作物，了解农时农事的有力工具，要继承和深挖这一中华非物质文化遗产。既然学校有这样一块园地，就要提供给孩子们体验生活感受的机会，于是学校结合办学特色开发了实践课程——童年里的二十四节气。

从课程的角度看，“童年里的二十四节气”课程是以综合实践活动的形式，依托学生感兴趣的农作物，围绕着农作物的种植、生长、收获与二十四节气的联系所开发的课程资源，旨在为孩子们创造一种在大自然中去体验学习的机会，营造出一种“现场”学习的氛围。在学校的小菜园里，在农技师、老师及家长志愿者的指导帮助下，孩子们从如何种植一粒种子、看一朵花开、获得一颗果实打开课程的视界，挖掘可用的资源，开展综合的学习，从而落实育人的价值。

基于这样的教育目的，学校将小菜园、试验田这些资源赋予了全新的教育价值和意义。主要体现在以下三个方面：一是体验生活。学生与植物、农作物亲密接触，在大自然中体验学习，达成课内外知识的融合，促进学习方式的改变。二是传承瑰宝。学生结合二十四节气了解农作物的播种、收获等农事，感受中华民族劳动人民的才干和智慧，传承非物质文化遗产。三是习惯养成。学生在不同的节气，了解节气习俗，感受节气文化，从而培养良好的行为习惯和品质。

1. 了解二十四节气文化及习俗

引导学生循序渐进地学习二十四节气的基础知识和相关习俗等，从而感知自然事物的形式美、内容美，激发学生的观察、想象、创新思维能力。

2. 结合二十四节气体验生活

在二十四节气的教学中，探索加强与其他学科整合的有效方式，促进学生全身心发展和综合素质的提高。

3. 培养学生良好习惯和品质

在日常的观察积累过程中，初步培养学生的计划性、坚持性，养成耐心细致有序的学习习惯，增强自信心，获得不同层次的成功感。学习合作与交往，促进人格完善。

挖掘与重组

从课程挖掘到生活体验

根据《指导纲要》，结合学校文化理念，从二十四节气节课程资源的发现与辨识中，明确生活体验的价值，准确定位，找到课程资源开发的价值点，传承民族文化，体验生活，构成完整的课程。

1. 以二十四节气特点挖掘课程

二十四节气是顺应自然规律的物候变化，有内在的逻辑，农作物的培育也是顺应自然变化而生的，可从中摸索出节气规律，体验农事生活，展示节气变化，探索课程本身。

（1）古典诗词课程。迎着晨曦，教室里，关于二十四节气的晨诵开始了，学生在不同的时节吟诵不同的节气诗歌，朗朗的读书声不绝于耳。这些古典诗词不仅体现出时令的变更与特点，同时又让学生感受着中华文化的博大精深。

（2）节气习俗课程。迟迟暮春，草木渐盛，气清景明。清明不仅是我国的二十四节气之一，还是一个重要的祭祀节日。为了更深刻地理解清明的由来和意义，孩子们查找资料，编写剧本，争当小演员，要把《清明的由来》的故事表演出来。

在共读剧本时，孩子们用心揣摩着每一个人的语气、动作和神情。他们互相交流，互相点评，每一个都俨然是小演员和小导演。通过角色竞选，孩子们出演了自己最喜欢的角色，他们还准备了小道具，演起来更是活灵活现了。重耳流亡时的落魄与登位后的威严，介子推的忠诚和淡泊，众大臣的出谋划策都在孩子们身上一一“复活”。话剧一连几场演下来，孩子们沉浸其中。“割肉奉君尽丹心，但愿主公常清明。”他们脸上洋溢的神采告诉我们，他们收获的不仅仅是对清明节来历的了解。

（3）饮食文化课程。冬至到，孩子们要过个不一样的冬至了。北方的冬至有吃饺子的习俗，可借此引导孩子们了解饺子文化，传承包饺子习俗。饺子馅儿，真丰富，橙色的萝卜，晶亮的肉，青青的菜加白豆腐，各种食材和一起，煞是好看！同学们修剪指甲，洗好手，摩拳擦掌包起来。“包个元宝两头翘，包个月亮眯眯笑，包只老鼠吱吱叫，咕嘟咕嘟水翻滚，各种饺子扑通跳，水中畅游真热闹，正三圈倒三圈，各个肚皮鼓又圆，飞进盘子睡大觉。”同学们一边念着自编的顺口溜，一边欣赏着自己亲手包的饺子，品尝着劳动的美味果实，心里幸福极了。

（4）动手操作。春风年年吹，风筝翩翩飞。风筝，作为我国流传最广的民间玩具，至今依然十分受欢迎，吸引着各个年龄阶段的孩子。清明时节，保利启新小学的孩子们在家长的帮助下认真制作着自己的风筝。充分运用各种材料，有个性地打扮自己的风筝。看！天空中飞舞着各式各样的风筝，孩子们在春天里欢快地跑动着放飞自己的风筝。

（5）体验活动课程。“春分到，蛋儿俏。”春分最好玩的活动莫过于“竖鸡蛋”了。春分这一天，保利启新小学的孩子们将自己精心挑选的“蛋宝宝”拿到学校，在老师的指导下轻手轻脚地将蛋“立”在桌子上，一遍又一遍地尝试，似乎把所有的力气都用在了竖鸡蛋上，一个个别提多认真了！不一会儿，静得出奇的教室里发出一声欣喜的尖叫，紧接着又一声，又一声……几乎所有的孩子都“立”蛋成功了，天真无邪的笑脸中又增添了自信。世上无难事，只怕有心人。一次小小的“竖鸡蛋”

活动，让孩子们体会到了认真专注的重要性。

2. 以学习体验探究课程

上述各种课程需要整合起来才能构成完整的二十四节气课程。为此，学校制订了二十四节气课程方案，让学生亲自去体验感受每个节气的不同文化、不同习俗、不同农事，以此体现综合实践活动课程的完整性。在试验田里，学生学会为农作物浇水、松土、施肥、掐尖……即使不需要劳动，他们每天也都会跑来，像对待自己的好朋友一样，看看植物长高了没有，果子长大了没有。收获的时节到了，孩子们把丰收的果实带回家，一定会亲自下厨，此时，班级群里就成了热闹的美食大晒场。学生还通过观测日影，排练节气小话剧，做以节气为主题的拉拉书、节气小画册、九九消寒图，捏春牛、包粽子……在体验中感受二十四节气课程的魅力。

运用与活化

开发“童年里的二十四节气”课程

课程资源的开发是二十四节气课程的基础性工程，学生在生活体验中学习，逐渐形成课程并完善起来。也就是说，课程资源只有在体验的过程中被加以调动，才能有真正意义上的感知，让生活成为最天然的大课堂，达到“生活即教育”的境界。

1. 成立课程研发小组

为了更好地实现二十四节气课程落地实施，校长带头成为二十四节气课程研发小组成员之一，全面负责课程开发工作，副校长具体负责课程开发实施评价等工作。同时，学校还召集教师自愿参与到二十四节气课程的研发过程中，由有热情、有责任心、致力于传承中国传统文化的教师担任研发小组组长和主研人，为课程有计划、有组织、有总结并且有序、有效地落实提供了保障。

2. 搭建网络授课平台

互联网的力量已经强大到不可估量，综合实践活动课程也要顺应时代的潮流，跟上教育发展的脚步。因此，学校为教师搭建起网络平台，通过网络授课，让孩子们随时随地都能和老师展开互动，并能反复观看，尤其是在暑假、寒假里，二十四节气的网络授课拉近了师生的距离，解决了课堂时间和空间的限制。

3. 课程活动共享共赢

在二十四节气课程开展过程中，老师们共同依据课程计划进行活动安排，商讨课程中遇到的问题，群策群力，实现资源共享。

4. 编写课程用书

在成功开展一轮节气课程以后，研发小组成员将全年的课程活动方案、活动过程、活动感受进行整理总结，编撰出带有本校特色的《童年里的二十四节气》课程用书，并在全校推广，为今后的课程开发研究打下了基础。

联结与管理

拓展二十四节气课程的高度和深度

一年中的四季有春夏秋冬，二十四节气课程也同样走过了春生、夏长、秋收、冬藏。在这个过程中，学生收获了节气知识，体会到劳动人民的辛劳和不易，传承了民族文化。

1. 制订课程实施计划

本着“根植儿童文化激发其艺术灵性”的原则，起草课程开发总体方案。经学校审议通过后，首先是各课程的开发：教师根据方案制订具体的、操作性强的课程实施计划，要求目标明确；其次是课程内容的安排：要求重点明确，从易到难，按课程资源和学生的实际情况来安排，涉及选择什么样的内容，怎样组织这些内容，准备哪些教学用具或教学资源，在课程上如何设置，等等；再次是课程实施预设：涉及课程实施方法、组织教学、一周的课时安排、场地的安排、人数的要求等内容；最后是课程评价建议：如何对教师自身和学生进行客观合理的评价，涉及评价方式、评价内容等。

为了进一步拓展课程的高度和深度，使课程教学研究取得实效，学校着力开展了以下工作：

第一阶段，编写课程指南，付诸实施。参与的教师立足“根植儿童文化激发其艺术灵性”合作编写课程指南，把对学生在自然笔记创作、种植观察、日影观测等方面要达到的要求与基本途径罗列其上，各开发教师再根据本年级学生的个体差异，细化基本途径，选择合适的内容来充实课程资源，并付诸实施。

第二阶段：积累材料，鼓励创新。及时交流经验，鉴定经验的可取可行性，鼓励学生在接受科学教育的基础上有所创新。

第三阶段：完善课程体系，展示成果。建立并完善学校科学教育课程校本化体系，整理和分析研究结果，撰写研究报告，组织汇报观摩课，展示学生各类研究成果。召开验收鉴定会，对课题研究进行评审验收。

2. 建立课程评价体系

为了确保课程开发的合理性，促进教师专业发展，张扬学生个性，形成学校特色，对课程的评价主要从几个方面进行：

（1）对教师课程实施效果的评价。主要是对教师教学过程的评定，包括：教学准备、教学方式、教学态度等方面评价，目的是促进教师自身专业的发展。评价以教师自我评价为主，同时重视学生、家长、教师同行、校长对教师的评价，方法有课堂记录、案例评析等。

（2）对学生成长的评价。评价时，要特别注重学生个性和特长的发展，关注学生对课程的学习过程，强调评价主体的多元化。在学习活动中，学生对师生关系的实际感受、学习兴趣和获得成功的体验等，成为评价学生的主体内容。评价的方法包括观察、调查、考查学习知识、成果展示等。

在生活的大舞台，在天和地之间，让我们的二十四节气民族文化得以传承和发扬，让我们把“童年里的二十四节气”带进更多孩子的童年。

本文撰写：河北省石家庄市保利启新小学　王学荣

第三章

做事的兴趣，愈做愈浓

至于知识之丰富与否，思想之发展与否，良好习惯之养成与否，家庭教育实应负完全的责任。

——陈鹤琴

我的动物朋友

——家庭养殖的综合实践活动课程资源开发案例

法布尔趴在地上，用放大镜观察蚂蚁搬死苍蝇，一连三四个小时一动不动，这样痴迷于动物观察的画面，几乎在每一个孩子的身上都重现过。“鱼儿睡不睡觉？”“鸟儿长不长牙齿？”“蝴蝶为什么这样漂亮？”……法布尔曾经沉浸其中的问题，每一个儿童几乎都充满好奇地探寻过。动物是儿童天生的朋友。儿童哲学家马修斯在他的著作《哲学与幼童》中介绍了11本（套）儿童读物，其中9本以动物为主角或最重要的角色之一。《纳尼亚传奇》中英雄的雄狮亚斯兰、《奥兹玛公主》中聪明的黄母鸡、《爱丽丝漫游仙境》中总是咧着嘴笑的柴郡猫……每一个生动的动物角色，在给儿童带来快乐的阅读体验同时，以他们能够理解的方式传递着勇敢、机智、善良、友爱的品格。在现实生活中，饲养一只小动物，是每一个孩子的愿望。那么，让孩子饲养动物，仅是满足他一时的好奇，或是简单陪同他玩耍么？在照顾打理动物生活的过程中，孩子们能做些什么，又能学到些什么呢？

发现与辨识

亲近小动物：儿童的天性

儿童对小动物有着天然的亲近感，一些孩子甚至会在家中饲养小动物，乌龟、鹦鹉、金鱼、小狗、小猫、兔子等成为他们成长过程中的“小伙伴”。但是，我们也经常能够看到，因为孩子缺乏责任心，或者对动物习性不熟悉导致饲养过程中小动物死亡；有一些孩子虽然喜欢小动物，但是不懂得和它正确相处的方式，戏弄甚至虐待小动物；还有些孩子因为对与小动物相处的危险缺乏认识而受到伤害。针对这些问题，学校可以组织开展综合实践活动，引导和帮助学生主动了解这些身边的动物朋友，掌握动物的习性，更好地承担起照顾小动物的责任；在学会以正确的方式与小动物相处的同时，学会了自我保护。此外，通过实践活动也可以培养学生的爱心、责任心，帮助学生确立“友善”的价值观，实现人与自然的和谐相处。

挖掘与重组

从饲养动物到动物课程

1. 挖掘问题资源

围绕这个主题，可以先就学生与动物相处的现状展开调查。通过问卷、访谈可以发现一年级的学生非常喜欢养小动物，但是也存在很多问题。比如，有的孩子在饲养小动物时，有伤害小动物的行为，或缺乏主动了解动物、主动帮助小动物“改善生活”的意识，甚至有些孩子还有被小猫、小狗抓伤、咬伤的经历。再综观一年级的音乐、美术、语文、道德与法治学科教材，不难发现，各学科中或多或少都出现了与动物有关的话题或者以动物为题材的教学内容。学生发现的问题以及学科学习的需要，就是综合实践活动的“问题资源”。学校敏锐地抓住“问题”，将“问题”转化为课题，确立了在家庭中开展“我的动物朋友”主题综合实践活动，让学生在参与活动、主动探究的过程中，学习研究的方式与方法，培养解决问题的能力，寻找与动物的“相处之道”，养成正确的价值观。

2. 挖掘人力资源

教师、家长、专家都是“我的动物朋友”主题综合实践活动重要的人力资源，他们有的有教育专业知识，有的了解儿童的家庭生活。学校要牵头形成“我的动物朋友”主题活动课程实施的项目组，通过管理机制把他们联结起来，形成课程策划、实施的智囊团。课程实施的主要场景在家庭，学生在体验、探究的过程中需要家长和老师的帮助，实施过程中家庭与学校、社会的协调尤为重要。项目组需要通过“家长会”或者“致家长的一封信”宣传综合实践活动课程的意义，让家长对“我的动物朋友”主题综合实践活动课程的目标、内容、过程和评价方式有清晰的认识，变松散的“相关人员”为课程实施的“核心人员”。

3. 筹集物力资源

在家庭中实施此课程，拥有必要的物力资源是基本的保障。家长先和孩子共商确定要研究的动物对象，比如有的家庭计划领养小动物，随之而来的小动物的“家”、小动物的食物都需要购买；有的家庭想要完成小动物的手绘、塑形，还需要准备绘画或者塑形的用具。围绕着所研究的小动物，家长和教师还需要帮助孩子准备相关的书籍、能够上网搜索资料的电子终端、提供相关资料的打印服务等。与此同时，学校还要研发印制学生学习手册、学习记录单，便于记录研究成果。

4. 拓展工具资源

在实践、探究的过程中，学生需要掌握一些研究的方法和工具的用法。比如，在“动物幼儿园”主题活动板块中，学生需要借助时间轴来表现动物繁殖、生长的过程，这就需要教师和家长帮助学生掌握时间轴的画法。对于生长周期较长的动物，学生需要在家长的帮助下通过网络搜集有关动物繁殖的知识。在研究动物习性的过程中，需要运用思维导图，采用结构化的方式表达动物的饮食习惯和科学的饲养方法，这就需要教师提前教授思维导图的画法。这些工具和方法是学生开展探究活动必要的“支架”，也是必要的认知资源。在他人的帮助下，学生才能不断向上攀登，实现认知的不断深化，获得成功的体验。

运用与活化

让饲养活动丰富起来

1. 人力资源的运用

课程研发项目组充分发掘包括教师、家长、校外专家、学生等在内的人力资源，提升认识、做好分工、形成合力，为“我的动物朋友”主题综合实践活动课程的实施提供保障。项目组成员各司其职，相互配合，共同完成任务。以其中的“动物幼儿园”主题活动板块为例：在级部主任的牵头下，教师、家长代表、学生代表召开项目协商会议，共研该板块的活动目标、活动内容、活动形式、活动时间、活动成果。在研讨过程中，大家一致认为教师和项目组成员对于动物繁殖的知识了解太少，对如何绘制“动物生长”时间轴不熟悉。于是，项目组邀请专家就某类动物的繁殖举办专题讲座，并对项目组成员做“如何绘制时间轴”的培训，之后，教师再对学生进行相关知识和技能的培训。学生在持续观察记录动物的成长过程、完成素材的收集后，在家长的帮助和指导下绘制动物生长时间轴。在这个过程中，家长、教师和校外专家充分发挥了各自的作用，共同助力学生的实践活动，帮助他们学有所获。

2. 信息资源的运用

在综合实践活动过程中，学生能够方便地获取信息，拥有一定的知识储备量，才能够更好地理解和认识事物，实现归纳、分析等高阶思维的运转。这里需要特别强调的信息资源有两类，第一类是书籍、报刊等信息资源。在活动开始前，家长就应该在教师的指导下准备相关书籍，充实家庭藏书。这些必备的图书资源可以帮助学生拓宽视野，加深对研究对象的认识，同时也有助于培养学生主动学习、主动阅读的习惯。同时，教师也应该主动创造学生交流阅读收获的平台，比如利用语文课或班会的时间分享阅读的收获，相互交流、相互启发，形成浓郁的研究氛围；第二类是互联网资源，家庭网络和学生上网的终端是必要的保障，确保孩子在家长的指导下能够上网找到需要的信息。学生搜集来的信息也不能仅仅为自己所用，教师还应该组织交流的平台让学生分享信息。

3. 工具资源的运用

《指导纲要》强调学生亲身经历各项活动，在“动手做”“实验”“探究”“设计”“创作”“反思”的过程中进行“体验”“体悟”“体认”，在全身心参与的活动中，发现、分析和解决问题，体验和感受生活，发展实践创新能力。在“我的动物朋友”主题综合实践活动课程实施的过程中，需要教师给予学生“实验”“探究”“设计”等方法的指导，帮助学生顺利地完成探究任务。例如，要深入了解动物的习性，学生对家中小动物吃什么、什么时间吃、怎么吃、吃多少、食物有什么变化、饲养动物花费多少等问题展开观察、记录，填写在教师提供的记录单上，然后对数据进行分析和归纳，再借助思维导图以结构化的方式表现动物的饮食习惯。学生通过观察和研究形成直接经验，再借助教师提供的工具和方法进行提炼和表达，在经历完整的认知过程后形成学习成果。

联结与管理

让资源多向联结

1. 学校资源与家庭资源的联结

“我的动物朋友”主题综合实践活动的实施以学校为主导，以家庭为实施的场景，因此，打通学校与家庭在时空上的隔阂、资源上的分割，实现学校资源与家庭资源的联结尤为重要。学校需要成立课程项目组来统筹“跨界”问题，形成项目协商机制来达成认知和行动上的一致；要分析、调动、挖掘学校资源为项目实施服务，也要动员家长投入家庭中的人力、物力资源为学生的实践活动服务。例如，学校和家庭都应该准备关于动物的书籍，同时发挥学校的主导作用，打通家庭和学校的资源壁垒，通过交流交换机制让更多的学生读到更多相关图书。孩子在饲养动物的过程中发现的问题，家长也可以及时反馈到项目组，借助这些“问题”资源，项目组及时调整课程实施的策略或者步骤。

2. 课程主题与各学科资源的联结

学校在开发综合实践活动课程的主题时，不仅要遵循《指导纲要》，还要加强与各个学科的联结。在“我的动物朋友”主题综合实践活动开发的过程中，对于课程整体目标和各个板块分目标的确定，教师们可以试着在学科中寻找依据，可以有内容的联结，可以有能力养成目标的联结，也可以有价值观养成目标的联结。在综合实践活动过程中，要引导学生灵活运用来自各个学科的知识与技能，打破学科之间的隔阂，加深对知识意义的理解，进而对事物形成完整的、具有内在逻辑的认知。

3. 课程资源与学生生活的联结

综合实践活动课程资源的开发与利用，要以儿童的生活世界为出发点。“我的动物朋友”主题综合实践活动的目标来自学生生活中遇到的问题，课程的内容与资源来自学生家庭生活中真实的生活场景，课程探究的过程也就是学生与家庭中小动物共同生活的过程，课程实施的结果是让学生和自己家中的小动物更加和谐美好地相处。

资源的多向联结，实现了从儿童真实生活和发展需要出发，突出了儿童为中心的理念，强调了儿童的发展性，打破了学科知识限制，促进了儿童真实体验的获得。

2020 年，中国多地出台了“禁食野生动物”的地方法。在人与自然的相处中，人类不断积累经验与教训，不断增强与自然和谐共处的认识，学习合理约束自己的行为。“我的动物朋友”主题综合实践活动不仅要引导儿童深入了解身边的动物、了解动物与人类的关系、善待身边的动物、学会与动物和谐相处，还要引导学生注意卫生和安全，让此类综合实践活动成为生态教育的一个具体而生动的载体。

本文撰写：安徽省合肥市阳光小学　王　玲

好家风伴我成长

——“家校携手建设良好家风”课程资源开发案例

家庭是人生的第一个课堂，父母是孩子的第一任老师，家庭是一个人人生的起点。只有每一个家庭都担负起“帮助孩子扣好人生的第一粒扣子，迈好人生的第一个台阶”的重担，才能为孩子打下良好的思想基础、品德基础和人格基础，使之成为有理想、有道德的社会主义建设者和接班人。

发现与辨识

好家风：家庭教育的内核

“家风是一个家庭的精神内核，是一个家庭或者家族在长期生活过程中总结出的具有积极意义的处世宗旨，对子孙后代有潜移默化的作用。”[1]在现实生活中，每个家庭都有家风，有的家庭和谐友善、尊老爱幼、相互关心，有的家庭矛盾重重、相互猜忌、消极冷漠。许多“问题孩子”产生于问题家庭，因此，需要采用种种方式，改进家风。

我们对周边小学部分家庭的家风建设情况做了调查了解，发现以下问题：一是有的家庭缺乏家风建设意识，很多家长下意识地觉得自己的家庭“没有家风”，对于什么是家风的认识非常模糊；二是对家风家训表

[1] 张剑梅：《家风家训在家庭教育中的作用》，《关心下一代》2017 年 2 月上第 4 期。

述不清，一些家长觉得自己家庭确实有一些家庭文化，但是少有能够清晰、准确、简练地描述家风或者家训的；三是有的家庭中家长的价值取向消极、负面，导致家庭风气存在很大问题。

陶行知先生说：“教育的目的是在于解决问题。”我们试图挖掘家庭、家风家训中的课程资源，尝试建构“好家风伴我成长”主题综合实践活动课程，直面家风建设中存在的重重困难与问题，在体验、探究的过程中加强学生对家庭文化的深度体验与价值认同，积极引导学生所在的家庭形成良好的家风，使孩子的身心得以健康成长。

挖掘与重组

好家风课程资源的探寻

以引导家庭形成良好的家风为目的的综合实践活动课程，需要从家庭中、社会历史文化中和家风家训的传播过程中挖掘课程资源。

1. 家庭中的课程资源

每个家庭都有独特的家庭文化，成年家庭成员也具有相对定型的价值观，这些都表现在家庭生活的状态、家庭成员的言行当中。家庭中每个成员的价值取向是怎么样的？他们最为看重的价值观是什么？他们希望自己成为什么样的人？他们希望孩子成为什么样的人？在家庭中，他们认为什么事情是不能做的？所做的事情中最有意义的是什么事？如果把家庭中的事情按照重要性做个排序，大家认可的排序是怎样的？这些观念、行为、愿望、目标中就蕴含着家庭的家风。

家庭与家族的发展历程也是宝贵的课程资源，其中的成长故事、人生经历、家族历史、家族故事、家族人物、来往信件、照片影像都是可供挖掘的课程资源。

2. 历史文化中的课程资源

有关家庭生活的课程资源在小学阶段的学科课程中有很多，小学《语文》《道德与法治》《美术》《音乐》等课本中都有所涉及。如统编版《语文》教材中就有《父爱之舟》《慈母情深》《祖父的园子》等；在小学《道德与法治》教材中有《我和我的家》《家人的爱》《让我自己来整理》《干点家务活》等。这些内容无不呈现了家庭中成员相互尊重、相互关心、积极向上、温馨和谐的家庭氛围。学校可以组织教师围绕主题在各种教材资源中充分搜索，将相关内容进行整合，尝试开展主题教学。

中国自古重视家风家训，古代常常以“庭训”这种方式来培养子女，塑造家庭后代完整成熟的人格。在社会历史文化中，有许多著名的家风故事和家训文献:《曾子杀彘》《画荻教子》《孟母三迁》的故事广为流传，《颜氏家训》《朱子治家格言》《诫子书》《曾国藩家书》等脍炙人口，毛泽东、周恩来、刘少奇等一代伟人的家风故事也是耳熟能详。阅读或者讲述这些故事和文学作品，可以让孩子、家长得到启发。

3. 交流传播中的课程资源

“表演即生长，观看即生长，人在表演与观看中生长。”[1]家风家训从存在的空间上来说局限在家庭中，从承载的人员来说局限在家庭成员中，如果没有展示和交流的机制和平台，则缺乏让家风家训变得清晰可见的机会。因此，交流和展示的平台成为课程实施者可以主动创造的课程资源。要让每个家庭都有机会讲述、展示自己的家风，以任务驱动家风家训的归纳、提炼、演绎。学生的家庭有共同的地方，但也各有特点，通过互相交流，看见别人家的家风家训，补充修正自己的，使其更清晰、更有辨识度，交流的过程也就成了提升的过程。通过展示、评比带来了激励强化家风建设的效果。通过精心设计的交流、展示、评比等活动，让家风家训展示与观摩的过程也成为课程资源。

[1] 李政涛：《教育常识》，华东师范大学出版社，2012，第23页。

运用与活化

建设好家风，我们这样做

在分析了以家风建设为主题的课程资源后，我们可以发现，在家庭中、在社会历史文化中、在学校精心设计的交流活动中蕴含着大量的课程资源。如何让这些课程资源能够充分运用起来，服务于课程的实施和学生的学习，是我们需要进一步探索的。

1. 发现家风

人们常说“熟悉的地方没有风景”。家庭成员生活在“家”中，家庭的风气、价值观已渗透在每个成员的思想观念和行为习惯中，如果没有有意识地搜集和提炼，大多数家庭很难清晰地说出自己家的“家风”是什么。我们可以通过“我家的家风”家庭小调查活动让学生“看见”家风。教师可以指导学生调查的方法，帮助学生设计调查表作为开展探究活动的支架。

家风家训从真实、具体、琐碎的家庭生活中来，抽象概括起来有很大的难度，已经形成的家风家训又是高度凝练的、抽象的，而一个个让人难忘的、意义重大的家庭故事承载着家庭成员的价值追求，更适合作为学习的材料。可以让学生采访每位家庭成员，谈一谈“我家的那些事”，并且记录下来，从中体悟家人共同的价值观。

2. 认识家风

古人和一些历史伟人在家风家训的教育实践中也给我们留下许多宝贵遗产。学校可以组织学生和家长开展“经典好家风”讲故事活动或者诵读活动，还可以组织读名人传记的读书交流活动，让家长和学生直观认识什么是“家风”“家训”，了解其蕴含的进取、清廉、诚实、正直的道德精神，感受家风对家庭生活、子女教育的促进作用，强化学生对于家风家训的理性认识。

3. 提炼家风

家风家训的表现形式可以是一些词语，也可以是几句话，需要家长和孩子共同梳理和提炼。学生完成“我家的家风”小调查、“我家的那些事”故事搜集和“经典好家风”阅读名人家训等活动后，对于家风的理解也比较深入了。学校可以指导孩子和家长召开家庭会议，家庭成员共商家风，一些凝练的词句可以协商产生，也可以投票产生。但是，“家风”毕竟是比较形而上的，在家庭中的落地还需要家规的保障。家长和孩子在此基础上可以形成“我家的家规”，为家庭成员的言行制订准则，维护良好的家风。

4. 弘扬家风

好家风也要“秀出来”！在学校或班级可以开展“秀出好家风”系列活动，比如举行家风家训书写大赛、“我家的家风”演讲比赛和“说说我家的那些事”讲故事比赛、作文比赛，让这些比赛成为实践成果展示的平台；组织“好家风伴我成长”主题班会或家长论坛，邀请家长、专家、社区代表等参加；和社区合作表彰社区好家庭；还可以收集一些家庭的家风家训和家庭故事，结集后作为今后课程实施的校本教材。

联结与管理

建设好家风，大家一起来

以综合实践活动课程来推动家风建设，需要家校之间具有共同的意愿、彼此的信任、良好的合作机制和资源的有效整合，具备这些条件才能顺利完成整个“跨界”项目，才能达到活动的目标。

1. 观念的融合

开展“好家风伴我成长”主题综合实践活动不能是学校的自说自话，

更不能是学校单方面决策后作为任务“下派”给家庭。在决定这个课程是否实施、怎么实施时，要充分征求家长意见。通过召开家长座谈会、组织家委会研讨、开展家长问卷调查等方式，充分了解家长的看法，可以由学校相关部门和家长代表共同协商制订方案。在形成方案后还要再次征求教师、家长的意见，修改完善后方可发布。学校可以在家长会上完整地介绍课程目标、实施方式、预期成果和评价反馈等，让家长对该课程能够有较为全面的了解，后期开展活动才会有事半功倍的效果。

2. 家校的合作

仅有合作的意愿，缺乏合作的机制，合作也难以顺利进行。学校要明确定位课程实施中家长和教师的角色，明确任务分工和职责范围。同时，要建立有效的工作推进和沟通机制，通过网络平台、家访交流、到校交流、电话联系、定期提醒等方式加强联系，帮助学生顺利地、有质量地完成活动过程，产生高质量的活动成果。

3. 资源的共享

在“好家风伴我成长”主题综合实践活动实施过程中，大量的来源于家庭、社会、历史文化和交流活动中的硬件资源和软件资源需要实现合理的流动与共享，保障课程顺利实施。硬件资源如图书可以由学校图书馆配备到班级。软件资源可以由家长和教师通过班级群或者学校信息化平台实现共享。学校组织的集体性评比、展示、交流活动可以广泛地邀请家长参加，让更多的家长和孩子受益。

家庭是社会的细胞，好家风是一个人精神成长的重要源头，积极向上的家风家训，会渗透进子孙后代的血液，融入社会文化，影响着社会风气。在“好家风伴我成长”综合实践活动中，孩子和家长一起讨论、提炼，形成积极的、外显的、与时俱进的家风，影响孩子的心灵，塑造孩子的人格，培养孩子良好的品行，帮助孩子“扣好人生第一粒扣子”。

本文撰写：安徽省合肥市阳光小学　王　玲

一次愉快的亲子旅行

——“亲子旅行”主题综合实践活动课程资源开发案例

当下很多班主任在寒暑假或节日小长假后，布置一项关于分享假期旅行精彩瞬间的作业，于是班级教室墙壁上会展示出假期旅行图片，这些图片也许会成为某节班会课上交流分享的主题内容，也许会成为同学们课间的谈资。这看似寻常的班级特色活动其实蕴含着丰富的综合实践活动课程资源。英国作家罗斯金曾说:“世界之大，远超过我们的眼界可以容纳的范围，不管人们走得多慢、走得多快，他们也不会看到更多。真正珍贵的东西是所思和所见……”如果老师能帮助孩子将所有旅行途前、途中、途后所见所思都记住，让他们减慢追逐行程的脚步，边走边品、边思边记，那每一次旅行都会成为他们的一座精神宝库。

发现与辨识

寻找课程资源的方向

旅行是一种最直观地让孩子认识世界、了解生活的方式。很多学校加入研学旅行活动的开发与研究中，学生带着学习单去春、秋游已经成为综合实践活动热门的学习方式。随着人民生活水平的日益提高，越来越多的家长会在节日小长假、寒暑假给自己的孩子安排丰富的旅行生活，帮助孩子开眼界、长见识，亲子旅行逐渐成为综合实践活动课程中校外课程资源建设的重要领域。

亲子旅行是介于家庭旅行与儿童旅行之间的一种旅行方式，很多家长认为亲子旅行有助于儿童增长知识、放松身心，培养其吃苦耐劳和受挫能力，[1] 其中寓教于游的价值尤为突出。亲子旅行不仅将家庭教育或课堂教育环境由户内转向户外，打破校内教育的局限，还让孩子通过与外面世界接触而产生新的认知。旅行中有父母的陪伴和引领，不但能够增进家庭成员之间的情感，还能使儿童接收到许多积极健康的价值观念，为将来成为社会主人公做好准备。[2]

当前，年轻的父母对于开展亲子旅行活动越来越热衷，但深入分析，还存在着一些问题，比如：家长对旅行教育的效能感参差不齐；父亲参与亲子旅行的比率不大，存在父亲陪伴缺失的现象；目的地虽以教育资源集中地为主，但是行程中缺少相应的针对性和教育性；目的地的选择和行程安排忽视孩子参与；等等。如果综合实践活动课程指导教师能够对亲子旅行所涉及的各方面进行梳理挖掘，设计出合理配套的内容，会很好地促进学校与家庭共育合作关系，加强学校、家庭与社会之间的联系，帮助学生逐步理解自己在家庭、社会中所应承担的主人翁角色，使他们获得脚踏实地的成长。

挖掘与重组

建构课程资源的框架

“亲子旅行”主题课程资源包含的内容很多，比如：需要培养孩子哪些能力才能让他们成为亲子旅行中的主角，如何帮助他们懂得旅行的意义和价值，如何建构旅行的愿望，在家庭中如何为自己为亲人提出合

[1] 刘妍、赵川、陈嘉睿：《基于“推拉阻”模型的国内亲子旅游决策研究》，《地域研究与开发》2016 年第 5 期。

[2] 任晓丽、钟士恩、黄佩红、张硕：《基于家庭系统理论的亲子旅游动机测量研究——以南京市红山森林动物园为例》，《人文地理》2019 年第 2 期。

理的旅行建议和规划，怎样选择合适的 App 或者网站获取有效的旅行信息资源，如何购买旅行产品，如何进行旅行笔记的设计与记录，如何收集自己感兴趣的信息，如何收获有效的知识信息，如何分享自己的感受，如何计算亲子旅行的开销与总支出，如何更经济实惠地完成旅行，如何和家人朋友分享自己的旅行感受，等等。

《指导纲要》里指出，小学阶段的培养目标具体分为价值体认、责任担当、问题解决、创意物化四个方面。2017 年 9 月，中共中央办公厅、国务院办公厅印发《关于深化教育体制机制改革的意见》，在“健全立德树人系统化落实机制”中充分肯定了校外资源的育人功能，明确提出要注重培养支撑终身发展、适应时代要求的四大关键能力：认知能力、合作能力、创新能力、职业能力。根据目标与能力维度，可以梳理出课程内容的四大模块：目标与决策、设计与规划、记录与分享、反思与交流。

“亲子旅行”主题课程资源的挖掘，可以让学生从个体生活、社会生活及与大自然的接触中获得丰富的实践经验，形成并逐步提升对自然、社会和自我之间内在联系的整体认识，具有价值体认、责任担当、问题解决、创意物化等方面的意识，提高认知、合作、创新、职业方面的能力。可以将亲子旅行中的内容模块，从目标维度与能力维度涉及面上进行分析，综合实践活动课程目标和需要培养的关键能力始终贯穿在四大内容模块之中（表 3–1）。

表 3–1　亲子旅行内容模块所涉及目标与能力维度分析表

四大模块	目标维度				
	价值体认	责任担当	问题解决	创意物化	能力维度
旅行的目标与决策	√		√		认知与合作
行程的设计规划与安排	√	√	√		合作与创新
旅行笔记的记录与分享	√		√	√	创新与职业
旅行反思与亲子互动交流	√		√		认知与合作

通过课程化改造的旅行活动能够让学生获得多重感官的体验，获得美的享受，感受旅行艺术的熏染，提高审美能力、合作能力、社会参与能力等，实现心灵的洗礼与情感陶冶，从而有效培育学生发展核心素养。

运用与活化

教学模块的开发

太仓市实验小学校长钱澜认为，在设计小学阶段的亲子旅行教学设计和活动方案时，要从目标和能力维度入手，紧紧围绕四大内容模块并结合不同学段的学生认知水平，整合旅行素材，开发亲子旅行的校本课程资源。在开发的过程中，需要注意各项活动要有一定的内在连续性和层次性，才能保证课程的有效性和可持续性开展。从系统思维的角度，全面分析“亲子旅行”主题课程的目标确定、内容安排、方法选择等问题，整体建构小学亲子旅行综合实践活动课程体系。课程开发要采用协同合作模式，形成一支以综合实践活动课程专职教师为主，班主任、不同学科领域的教师为辅的合作开发团队。课程中会大量用到调查访问、查阅文献、写调查报告、画手抄报、App与网站的学习使用等多种活动形式，形成多学科联动，教师家长共同配合，从课堂辐射到家庭，从校内迁移到校外的模式，这样才能使课程的学习真正有价值有实效。

1. 目标与决策

教师在这一模块的课程内容开发中，旨在帮助学生构建旅行的憧憬，指导学生掌握搜集旅行信息的能力，逐步形成自己对亲子旅行的理解。

（1）跟着课文去旅行。新版部编语文教材里包含了丰富的写景文章，每一次主题课文的学习都是对学生进行旅行愿景的熏陶。综合实践活动课上开展“跟着课文去旅行”活动，旨在协同各年段语文教师将语文课本中的游记写景的文章作为亲子旅行备选目的地，在课堂上做想象旅行的体验活动，并让学生回到家里作为小导游向家长介绍课文中的景点。通过优美的语言文字激发家长和孩子对人文景点和大自然的热爱与憧憬。

（2）旅行小记者大调查。利用综合实践活动设计让学生从旁观者视角去观察亲子旅行活动，可以使学生更清晰、理性地去理解和爸爸妈妈一起旅行的价值意义。让学生成为小“记者”开展校内外的“旅行小记者大调查”活动，在老师指导下设计调查问卷，邀请家长一起收看旅行类电视节目（如《爸爸去哪儿》等），去图书馆查阅相关旅行资料，寻找有亲子旅行经历的人访谈等系列活动，审视在旅行中会出现的问题，自己在旅行中可以承担哪些责任、完成哪些力所能及的事情，珍惜与父母一起出游的机会，等等。

2. 设计与规划

（1）旅行 App 知多少。利用互联网、App 进行学习，了解大众对主题软件的需求度和评价，带领学生了解亲子旅行所需要用到的 App。随着互联网的日益发达，旅游类应用越来越多，如何甄别选择与运用也是家长和孩子要共同面对的。可以协同信息技术老师开展“旅行 App 知多少”活动，帮助学生了解和掌握旅行类 App 的使用方法，通过分析与比较有效利用 App 满足旅行所需。

（2）旅行交通路线设计。交通是亲子旅行完成的必要条件。除了连接旅行目的地和家庭所在地交通路线设计要体现安全性、舒适度、便捷性和经济性的特点外，目的地景区内的交通路线设计也非常关键。它将景区的各景点以及吃、住、行、娱等有机地串联起来，安全和科学的路线设计能够帮助亲子家庭愉快地完成旅行。“旅行交通路线设计”可协同数学老师帮助学生掌握交通路线设计的方法，借助思维导图的软件让学生和家长一起制作路线设计图，在班级中开展最科学路线设计评比，从而培养学生科学的设计思维能力。

3. 记录与分享

如果将记录作为一段旅行体验的开始，孩子的“五官”便会被擦亮，视觉和听觉都将更加敏锐。他们会自然而然地比平时更加认真用心地去看去听。在旅行之前做好攻略、旅行中做好资料搜集和记录、旅行后进行整理和美化，这一完整的过程就是旅行笔记。记录会让旅行变得更加有趣，也将使美好的记忆和体验得到较好的保存，便于日后的回忆和分享。

（1）制作旅行笔记。制作旅行笔记是一种多学科联动的综合学习形式，是将外界知识信息再创造再加工的过程。孩子们在旅行中观察、体会和思考之后，通过自己感兴趣或者擅长的表现手法和技法，创作出表达自己感受和情感的作品，这个过程又是一次设计思维和创造性思维的提升。这一活动的内容可以协同美术老师共同开发与指导后完成。

（2）制作工具篇。教师通过指导学生对制作工具的选择，让学生了解旅行笔记到底需要借助哪些技术来完成。同时，在教师的指导下，拍摄小视频带回家，和家长共同学习。

（3）笔记素材篇。制作旅行笔记很多关键要素在于“记”。教师应带领学生一起学习了解各种记录方式的优缺点，并让学生形成一个属于自己的笔记图形库，回家可以和家长一起进行 PK，比比谁设计的字体或者符号更加美观和有创意。

（4）资料采集篇。教师还可以引导学生在途中搜集素材，比如导览册、门票、地铁票，甚至路上的树叶、旅行目的地的文创作品也是很好的选择。

4. 反思与交流

（1）画笔绘心声。爱因斯坦曾经说过“发现问题比解决问题更重要”。小学阶段的孩子因为年龄限制，发现问题和反思能力不足，教师可以让学生通过多种主题的绘画来投射自己内心的感受和想法。比如以“记与爸爸妈妈一起最喜欢的一次旅行”作为绘画主题，安排合适时间和安静场地让学生统一绘画，绘画完成后，在教师帮助下，就学生所作的画详细询问：“你画的是什么”“为什么要画这个场景”“当时旅游留下哪些深刻印象”等，[1] 并进行记录、展示和讨论，让学生发现自己在亲子旅行过程中的一些未被发掘出来的感受或者问题。

（2）文明旅行家庭奖章。在实景课堂中学习的知识，孩子更容易记住。通过旅行来体会在生活中遵守规则的意义，孩子更容易理解与接受。通过系列文明旅行的学习活动可以循序渐进地培养学生及其家长对社会、对大自然的责任感和使命感。学校可以以家庭为单位开展“文明旅行集章”活动，通过“旅游文明行为”大讨论、文明游客宣传进社区等活动，用行动积分换文明旅行奖章。

联结与管理

找准课程有效开展的策略

1. 课程内容选择要体现真实性和实用性

四大模块的课程知识内容的选取直接影响到学生的学习兴趣和成效，因此教师应充分开展调查研究，重视学生现有水平，选取一些与学生旅行生活密切相关的知识技能，以提升学生学习、探究的积极性，满足学生内在需要。除了在课堂中模拟真实场景外，还要将课堂移植到校外真实场景中开展学习活动。

2. 打破学科壁垒，形成课程联动

综合实践活动课程的最大价值就在于帮助老师们主动采取跨学科学习的行为，打破学科间的壁垒。所以，要通过这个项目的实施全面调动各学科教师的参与性，把各年段的学科培养目标嵌入到课程开发之中。在课程学习的过程中，还要特别注意培养学生灵活运用所学知识解决实际问题的能力。

[1] 王芳、吴必虎、罗瑞雪：《亲子旅游体验及其提升对策研究——基于儿童绘画投射的视域》，华侨大学学报（哲学社会科学版），2017 年第 5 期。

3. 让亲子旅行成为实际意义上的亲子共游

父母带孩子进行亲子旅行是由两大动机驱动的：一是对孩子教育意识的增强，要读万卷书，也要行万里路；二是对营造融洽、温馨的家庭关系的重视。围绕两个主要动机开展旅行时，父母个体体验在一定程度上都会被弱化甚至被隐藏，父母就会成为简单意义的陪同而不是陪伴。比如出现孩子在游玩，父母在旁边刷手机或者接电话等一些不匹配的行为，这样不利于亲子旅行良性可持续发展。因此，要通过课程帮助学生和家长对旅行价值认知相统一，进行旅行任务分工和合作，将陪游变成共游。

正如罗斯金所说：旅途中真正珍贵的东西是所思和所见。如果能有效地将旅行资源有效整合为学习资源包，才能真正体现亲子旅行的“寓教于游”的价值，让一次愉快的亲子旅行提升儿童多元化体验的品质，增强社会使命感和家庭责任感，进一步内化积极健康的价值观念，加快儿童社会化进程，为将来成为社会主人公做好准备。

本文撰写：江苏省南京市光华东街小学　吴　宁

我们一起读书吧

——安徽省合肥市阳光小学“我家的书房”课程资源开发案例

家庭是社会的细胞。习近平总书记在全国教育大会上强调：“家庭是人生的第一所学校，家长是孩子的第一任老师，要给孩子讲好‘人生第一课’，帮助扣好人生第一粒扣子。”家庭教育与学校教育同等重要，学校教育如果与家庭教育形成合力，将事半功倍。创建书香校园，让孩子们爱上阅读，不仅需要学校教师的以身作则、指导引领，更需要每个家庭潜移默化的影响与渗透。推进书香校园建设的一个重要方面就是推进书香家庭建设，从全家阅读开始，这就需要家庭首先要有一间书房，将家庭打造成微型图书馆。

发现与辨识

让读书温暖生命的理念浸润家庭

合肥市阳光小学在秉承“以人为本，把校园建成师生幸福的精神家园”的办学理念基础上，结合校名中“阳光”一词，取其“温暖”之意，初探出“温暖童年”的教育理念，即让每一个孩子都能拥有一个温暖的童年，在此基础上又提出了“读书温暖生命”的校训。“书香世界”既是学校一直以来突出的阅读特色，也是学校的办学特色。首先是围绕学校的“智仁勇”核心价值观及校训“读书温暖生命”，开展师生阅读活动，培养师生阅读习惯，提升师生阅读素养。其次是阅读传统经典文学，使全体师生逐步养成多读书、读好书、读经典的习惯。再就是通过打造舒适愉悦的阅读氛围，营造书香校园，切实提升师生的传统文学鉴赏及阅读水平，在阅读行动中落实“读书温暖生命”的目标。

创建书香校园，让孩子们爱上阅读，不仅需要学校教师以身作则、指导引领，更需要每个家庭潜移默化的影响与渗透。虽然学校的阅读活动丰富多彩，但学校进行阅读评价和反馈时发现家长的积极性和参与度并不高。学校通过家访和调查发现：第一，很多家庭都没有固定的阅读时间，阅读习惯和阅读氛围没有形成，阅读存在想起来就读、有时间就读、没时间就不读的现象。第二，阅读是家里孩子的事情，跟大人无关，大人有时间就参与，没有时间就不参与，甚至不闻不问。第三，阅读空间不足，家里有书架并且有藏书的约占 50%，只有部分书籍、没有书架的约占 35%，还有约 10% 的家庭只有杂志和报纸，没有书架，剩下 5% 家里一本书都没有。第四，家长对阅读的认识参差不齐。80% 的家长对家庭阅读是持积极态度的，认为与小学生成长密不可分；20% 的家长认为家庭阅读中家长的作用可有可无，并不重要。第五，互动缺少趣味性与科学性。家庭阅读中亲子互动行为并不明显，35% 的家长会经常给孩子推荐一些适合其年龄段的书籍，15% 的家长会对小学生阅读的书籍发表自己的看法和理解，42.5% 的家长不会和小学生一起进行阅读活动，38.1% 的家长不会过问孩子阅读书籍的种类和内容。

由此可见，“读书温暖生命”价值理念不仅要在学校落实，还应在家庭中扎根，推进书香家庭建设。其中，书籍是儿童读书习惯养成和书香家庭建立的最重要的硬件基础，没有一个属于自己家庭的“图书馆”，建立书香家庭和读书习惯就是一句空谈。

挖掘与重组

让书房成为家庭“图书馆”

家庭书房如何建设呢？从不同的角度看会有不同的建设方案，但是不管怎么看，围绕阅读这个核心，有几个问题必须要回答，诸如：在哪里读书？读什么？如何读？“在哪里读”涉及书房的空间和环境设计，“读什么”涉及书房的藏书资源，“怎么读”涉及阅读的形式和过程。

1. 阅读空间的设计

家庭的书房布局设计与家庭成员的理念、文化修养、生活品位及喜好等多种因素紧密相连，它是一种传达个性思想和感情的载体。传统与现代、中式与欧式等设计风格皆可作为个体化需求纳入。设计布局中可以坚持“公共性”设计原则，优化家庭的环境和结构，诸如通过空间互动组合，满足需求者娱乐、休闲、学习于一体的“共同”的读书方式。根据家庭成员的活动规律和读书的审美要求，可以将若干空间单元有机地组织化、结构化：用拉门甚至没有门扇的半开放式的空间表现手法的设计方式，呈现不同的空间协调性；利用橱柜做隔间，也能将动、静分区融合在一起，满足多元文化空间需要；适宜的灯光、沙发、坐垫或是靠背椅等，也能构成良好的阅读环境。

2. 阅读资源的保障

正如维持我们的物质生存需要投资柴米油盐酱醋茶一样，维持我们的精神生存和成长，也需要投资书本、教育、阅读，因此家庭要拿出相当比例的收入来打造书香的物质环境。家庭要有阅读经费用于购买书籍，保障家庭藏书的充实和丰富，满足家庭成员精神文化增长和提升的需要。经费还应用于支持、鼓励家庭成员参加读书会等一切有益于阅读学习的活动。

家庭“图书馆”可以藏哪些书呢？家庭藏书不比社会图书馆，要适合广大读者需要，而每个家庭有着其独特的阅读兴趣、喜好和要求。对于父母来说，以职业需要、兴趣爱好、生活亲子等来搜集，每个家庭各不相同。而为孩子建立的藏书，一是考虑经典书目，适合儿童阅读的中外名著是首选；二是可借鉴一些儿童出版领域的重要奖项，例如纽伯瑞儿童文学奖、国际安徒生奖、丰子恺儿童图画书奖等，以及参考有公信力的媒体推出的年度儿童阅读书目等。

（1）围绕经典著作。经典著作具有传统性、典范性和权威性，是人类文化的积淀和结晶，是民族的也是世界的，应作重点予以收藏。

（2）围绕阅读兴趣。每个人的兴趣爱好因年龄、环境、职业和教育程度而异，兴趣不同，对书籍类别的需求也不同。家庭藏书应该围绕家庭成员的兴趣建立个性化收藏。

（3）围绕子女教育。丰富的家庭藏书不但可以为孩子创造良好的阅读氛围，同时也是父母对孩子实施教育的重要工具。子女教育的方方面面都需要图书辅助，如为孩子讲故事，为孩子答疑解惑，丰富孩子的课外知识，帮助孩子学习的参考书、工具书等。此外，围绕子女教育心理学、教育学以及激发孩子阅读兴趣的书等都是必备的藏书。

3. 阅读过程的实施

要激发孩子读书的兴趣，身教重于言教。家长自己首先要热爱读书，用自身行为感染孩子喜欢阅读，让读书活动成为常规活动，应规定每天读书活动的时间，比如每天读书 1 小时，并使它成为每日活动中预定好的一件事情。

运用与活化

让阅读在书房真实发生

以家庭书房为载体的阅读，让阅读在空间、时间和资源上有了保证。

接下来就要让全家阅读在家庭书房中真实发生。我们可以开展以下实践活动：

1. 亲子共读

孩子可以跟父母共读一本书，一起摘抄、记录、分享书中的精彩片段或就书中的人物进行评价和分析，还可以进行仿写或是编写其中的一部分内容等。孩子与父母共读共写，父母成为孩子学习的伙伴，与孩子共同分享读书的乐趣。

2.“剧本”表演

孩子与父母一起精心挑选书籍，把书中的内容改编成适合表演的短剧，共同制作道具，完成亲子对话、排练、表演。还可以将精彩的剧本在班级表演展示，或是参与“书香家庭”的评选。让孩子在与父母的亲子合作中感受读书所带来的快乐，同时也让大家感受到书本的价值所在。

3. 主题式阅读

在不同阶段阅读不同主题的图书，如“名人传记”类、“自然”类、“科幻小说”类、“武侠小说”类等，在主题式阅读中进行分析和比较，感受书的独特魅力。

4. 填写阅读手册

让孩子通过每周填写阅读记录表（表 3–2），坚持每日阅读，将阅读落到实处。父母以签字的方式进行督促，激励孩子广泛阅读、深入阅读。

表 3–2 阅读记录表样式

日期	累计阅读时间	书名（页数或章节）	家长签字

5. 制定读书评价制度

根据孩子阅读书籍的本数、心得体会的交流、阅读批注的书写、阅读手册的完成等活动的参与情况，评选“读书之星”“阅读达人”等，激发孩子的阅读兴趣。

6. 收集、整理、展示阅读成果

阅读成果的收集、整理可以很多种方式，比如：建立读书活动档案，对每一次亲子阅读活动进行记录，保留阅读中精彩的讨论；开设家庭阅读博客，让家庭成员分享自己的阅读所得；轮流主办家庭阅读手抄报，锻炼家庭成员的积累、组织能力；整理编写家庭阅读日记等多种方式展示家庭阅读成果，积累家庭文化财富，丰富社会文化蕴藏。

联结与管理

家庭书房的延伸

虽然是以家庭书房的方式开展的阅读活动，但从综合实践活动课程角度来看，课程资源的挖掘也要与学校、社区和互联网等方面产生联结，发挥家庭书房的最大效能。

1. 与学校的阅读活动相链接

学校开展“书香家庭”活动，可以很好地促动亲子阅读。学校应当先制订切实可行的“书香家庭”评比活动方案，向家长说明亲子阅读的开展方式及有关要求，推动家长带着孩子积极地参与进来。同时，学校可以在校园内设立“书香家庭”评比活动展示专区，过程性地呈现家庭阅读的情况；也可以借助校园网在班级主页设立“阅读分享”专栏，或通过 QQ 群、微信朋友圈等，把读书的内容、感受、照片、视频进行分享，架起家庭与家庭之间相互借鉴、学习、讨论的桥梁；学校还可以借助“故事爸爸（妈妈）进校园”的活动，让家长走进学校给孩子们讲故事，给其他家长分享经验，形成学校—班级—家庭的多样互动。

2. 踊跃参加和组织社区阅读推广活动

社区是家庭个体参与日常生活、获取基本公共服务、建构社会关系的基本场所。家庭书房也可以通过参与社区阅读活动提升资源利用率。具体做法有：一是参与社区定期或不定期举办的“读来换去”图书交换会以充分利用家庭藏书资源，或通过“跳蚤市场”来充实书房资源；二是立足社区，实施阅读推广计划，参与社区举办的读书会、讲座、论坛等活动，积极参加“阅读之星”“亲子阅读”“阅读悦美”等主题读书活动。

3. 创建“图书馆 + 家庭”的阅读服务体系

“图书馆 + 家庭”的家庭书房阅读服务体系是由各级公共图书馆根据社区、家庭的阅读需求，将图书配送到喜欢阅读的读者家中，让家庭成员既是“图书馆”的读者，也是家庭“图书馆”的管理员。图书馆定期配送图书到家庭“图书馆”，通过“你点书我配书”的方式激发居民群众的阅读热情。[1]

“我家的书房”不仅是一个阅读的地方，更是一个培养儿童良好学习和生活习惯的地方。教师和家长要鼓励孩子们做好家庭里的“图书管理员”“阅读推广者”，引导他们自己去布置书房、购置藏书、分类管理、定时整理，积极参与他们策划、组织的家庭亲子共读活动，如此长期坚持下去，浓浓的家庭读书氛围自然而然就会形成，而在这个过程中的每一项工作，都将是最好的家庭实践活动。

本文撰写：安徽省合肥市阳光小学　张佳佳

[1] 吕亚娟、熊伟、张兴：《家庭图书馆的风格布局与综合利用》，《图书馆论坛》2017 年第 12 期。

第四章

让儿童与社会相遇

如果具有生活价值的学习在特定的场合中能够被整合起来，帮助我们解决问题、做决定、做计划、接纳并享受一段经历，或者只是理解外部世界，那么，它就能够为我们的生活做好准备。

——戴维·珀金斯

遵义小红军

——贵州省遵义市文化小学“红色文化育人”系列综合实践活动课程开发案例

地处“中国历史文化名城”的贵州省遵义市文化小学，有着近百年的光荣历史和深厚文化底蕴。这所小学根据自身的地域、历史资源，引进家长、学生、社区和教研部门等多方力量，共同进行课程开发与设计，创新开发了“遵义小红军”综合实践活动课程。近年来对于该课程的实践和探索，让我们看到丰富的革命历史文化积淀如何转化为一种使命感和责任感传递到学生的身上，并成为整个学校师生的精神引领。

发现与辨识

遵义会议遗址旁的一所小学

贵州省遵义市文化小学建于1906年，曾是红军地方工作部、中共遵义县地下党委所在地，与彪炳史册的遵义会议会址毗邻而居，与红军总政治部旧址对门相视，与庄严肃穆的红军山烈士陵园隔河而望。学校凭借得天独厚的地理优势和历史内涵，自主开展大量革命传统教育与社会实践活动，多次被评为德育工作先进单位、红领巾示范学校，1992年成为全国160所名校之一。

学校的德育活动开展得如火如荼，每年都能积累丰富的活动材料。但细细梳理后，学校发现这些活动存在碎片化、形式化等问题，缺乏内在联系和逻辑结构。因此，围绕“红色文化育人”，针对前期问题进行理论研究，开始初步尝试调整课程设置，开发红色主题教育活动。从社会实践活动到主题式教育活动，可以说已经在综合实践活动课程的开发上走出了关键的一步，因为学校已经从德育活动的开发转向到跨学科领域育人课程的追寻上。很快，在“红色文化育人”的主张下，“遵义小红军”综合实践活动课程整体规划初步形成。

理想需要落地的准备，需要生根的过程。“遵义小红军”综合实践活动课程的意义究竟在何处呢?

首先，我们视红军的历史为耳濡目染革命传统文化得天独厚的资源条件。学校自身的地域特点、历史背景以及周围可利用和开发的资源可以说是非常丰富的，况且无论是学校还是社区、教师还是家长都可以是课程开发与设计的重要推动者。如果把这些资源都联合起来，势必会以新的教育视角去解决教育活动空洞化、说教化、生硬化的难题，为其他学校和教育机构提供有益借鉴。

其次，我们可以视红军的历史为一种肩扛责任、背负使命的精神导引。试想，如果将“红军不怕远征难，万水千山只等闲”的伟大精神传递到现如今的学生身上，将会转化成怎样的一种品质呢？应当是在家国情怀的感召下，溢满胸怀的学习责任与使命吧！这与《中国学生发展核心素养》中“突出强调社会责任和国家认同”，及《指导纲要》中“具有价值体认、责任担当、问题解决、创意物化等方面的意识和能力”的要求是不谋而合的。

再次，我们可以视红军的历史为生活经验、履历情境的实践条件。“遵义小红军”综合实践活动课程不是一个“作为事实的课程”，而是一个“作为实践的课程”,[1] 我们需要的不是贴标签式的爱国主义教育活动，而是“随风潜入夜，润物细无声”的实践体悟。学生需要通过实践反思才能理解与认同红军历史的精神价值。

[1] 郭元祥：《综合实践活动课程与教学论》，人民教育出版社，2013，第 37 页。

基于这样的认识，经过多轮研讨与反思，在全校老师的共同努力下，“遵义小红军”综合实践活动课程价值目标日益明晰，多维度的课程评价体系趋向完整，课程内涵、领域与途径也随之拓展。学校在校内建立“遵义小红军”红色阵地，在校外开发“遵义小红军”红色基地，在地区形成“遵义小红军”红色阵营，构建了吸纳红色文化、新时期长征精神和遵义精神，融合各学科课程的“遵义小红军”综合实践活动课程。

挖掘与重组

“蔚为国器”的红色基地

人无精神不立，国无精神不强，教育的本质是精神的塑造。在新时期解决红色革命教育历史味浓，但趣味性不强的问题，努力弘扬和提升学生的红色精神，在现代教育中赋予红色文化新的内涵，与社会主义核心价值观和小学生核心素养相衔接，最终形成新时代小学生正确的价值追求，是综合实践活动课程的核心目标。

经过周密的梳理，我们发现红军的历史是厚载了立德树人目标的绝佳教育资源，学生能从中获得丰富的实践经验，形成并逐步提升对自然、社会和自我之内在联系的整体认识。遵义市文化小学“红色文化育人”系列课程主题是在学校的办学理念“蔚为国器”的基础上形成的。那么究竟如何实现呢?

1. 出台课程指导纲要

这是“红色文化育人”系列课程的核心文件。它不仅梳理了遵义市文化小学百年的办学历程，特别是“红色文化育人”几十年来的教育理念，还明确了“遵义小红军”综合实践活动课程是以德育为线索贯穿活动，以体验为方式进行活动，以学生为主体设计活动，多维度发展实施活动的课程。这为开展“红色文化育人”系列课程提供了依据，明确了实施的路径。

整个纲要从“总纲”“课程目标”“课程内容”和“实施建议”四个部分详细阐述了“红色文化育人”核心理念下的课程思想。这是“遵义小红军”综合实践活动课程的指导思想。

2. 设计目标培养体系

“遵义小红军”素养多维立体人才目标培养体系是在“传承红色基因、讲好遵义故事”的背景下，结合社会主义核心价值观、长征精神、遵义城市精神而制定的培养学生核心素养、形成新时代小学生的价值追求的目标培养体系。

3. 架构课程主题框架

为了回应时代发展需求，在“红色文化育人”的宗旨下，学校确立了“基于立德，行于体验，臻于生长”的课程理念，构建了以本土红色资源为特色的红色课程体系。由此，课程以“德”为基点，按整合性课程的思路，围绕“遵义小红军”素养多维目标聚焦实践体验，整合国家课程、地方课程和学校课程的学习内容，开发了“红军故事苑”“我是红小鬼”“重走长征路”“今日小红军”四大生动有趣的主题板块（图 4–1）。

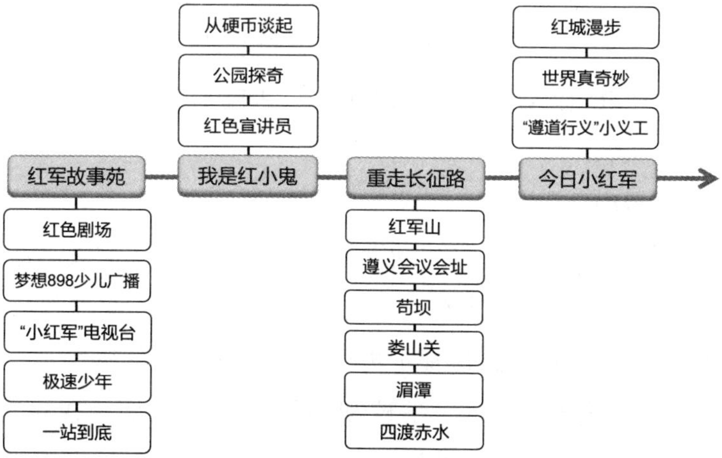

图 4–1 “遵义小红军”综合实践活动课程主题板块

4. 明确课程学习范式

基于一般综合实践活动课程的特点，同时强调以“德”为基点和核心，融合学科领域，丰富以历史文化为载体的综合实践活动课程学习内容。课程设计了多元活动，用游戏性的实践活动，将红色文化转化为生动有趣的实践活动。同时，它还拓展了学习时空，创造了以真实情境为场域的学教新样式，让学生在活动中体验、探究、思考问题，在实践中接受红色文化的洗礼。

运用与活化

动态化的课程资源

对于“红色文化育人”来说，只有扎根在儿童的视角中，体现儿童的经验特质，才能解决教育空洞化、说教化、生硬化的难题。遵义市文化小学构建的“红色文化育人”为核心的系列综合实践活动课程，是在全学科领域整合下的综合性实践学习。它聚焦实践体验，活化了以理想信念为目的的传统教育课程形式，以真实情境为场域的自主性实践学习，以红色文化为中心的德育性实践学习。学校呈现在学生面前的课程资源不再固化，而是希望学生以主体身份参与到自主探究、自我发展的过程中来。

1. 从经验走向体验

“遵义小红军”综合实践活动课程的独特价值在于丰富学生的体验。在体验的过程中，学生需要将自己先前的经验融合在课程开放的情境和现实的实践之中，并在实践过程中再次生发自己鲜活的感悟。

在“重走长征路”板块，学校利用红色文化阵地，融入人文知识、自然科学、艺术审美等建立的游学活动应运而生。整个活动以“体验”为核心，利用生动有趣的体验活动，让学生重走红军曾经走过的长征路，用脚步去丈量、体验，回顾历史，追忆先烈，亲身感受坚韧不拔、战胜一切困难的革命精神。

这一板块的学习场域选择在红军长征时在遵义的沿线，按年级由红军山出发，经遵义会议会址、苟坝纪念馆、娄山关战斗遗址、湄潭中国工农红军第九军团司令部旧址，最后到四渡赤水纪念馆结束。学生在游学活动中，增强了历史责任感，感受到现实的紧迫感，在继承、发扬红色文化的同时，帮助学生树立了正确的历史观、家国观、人生观。

2. 从问题走向主题

“遵义小红军”综合实践活动课程的独特价值在于改变封闭的学习。学生会因为跨学科学习，将自己置于更广阔的学习背景和更自由的学习方式之中，通过多次探究与应用形成属于自己的个性化知识结构体系。

为满足由学生的好奇倾向和“追根问底”的愿望产生的探索动机，“重走长征路”板块里设置了“红军山”主题活动。它是在传统的清明节祭扫活动的基础上，根据不同的场地资源和学生的年龄特点开展的系列主题实践活动课程。课程从认知领域的六个层次去设计，按年级由“永远丰碑”“追寻小红”“先辈邓萍”“浮雕追思”“追忆忠烈”“登高望远”组成。课程内容具有递进性，主题向纵深发展。强调多学科整合与生活实际融合的特殊体验，让学生主动探寻解决问题的途径和方法，培养学生团结协作的能力和自信乐观、坚韧不拔的品格，以及热爱祖国、珍爱生活的家国意识。

3. 从评比走向评价

“遵义小红军”综合实践活动课程的独特价值在于促进学生全面的发展。对学生进行评价是一个教育的过程，我们要重视学生的现在，但更要着眼于学生的未来。我们要让每一个学生都能成为“最好的自己”。

“遵义小红军”综合实践活动课程采用多主体、开放性的表现性评价，具体方式有学生评价（自评、互评）、家长评价、学校评价（集徽章评价、学生档案袋评价）、社区评价等，在教学改革中探索创新，使“遵义小红军”综合实践活动课程不断丰富和完善。

著名的“苟坝会议”完成了遵义会议改变党中央最高军事领导机构的任务，进一步确立和巩固了毛泽东在党中央和红军中的领导地位。学校将苟坝会议会址研学课程作为“遵义小红军”综合实践活动课程的重要内容，采取集徽章评价，将学生调查、访问、收集资料等活动产生的作品进行展示和交流，师生共同进行评析，根据完成的情况发放不同的徽章，提升学生参与的积极性。

遵义红军山烈士陵园如今已成为红色旅游的著名景点。“遵义小红军”综合实践活动课程将“红军山”主题活动列为学生的必修课，采取学生档案袋评价，对每一个主题活动进行详细的档案记载，利用各课程的专门记录表对参与的学生进行表现性评价。

联结与管理

实现红色区域课程的整体发展

在整个研究过程中，把“红色文化育人”作为核心，以“红色基地”为点，“红色联盟”为线，“红色区域”为面，将教师、学生、学校、社会聚合在一起，形成一个三维的立体教育全景，实现联结下的整体发展。

1. 构建课程体系

具体来说，“遵义小红军”综合实践活动是以“红色文化育人”为核心，在“价值目标”“指导纲要”“评价体系”“活动实施”等要素的聚合作用下，完善课程架构，经过多年的实践探索，逐步形成的系列化、综合化的课程体系。课程开发从本土红色资源出发，聚焦活动体验，活化了铸造理想信念为目的的革命传统教育形式；课程实施融合了多学科领域，丰富了以红色基因为载体的综合实践活动课程的内容与学习方式；课程学习拓展了学习空间，创造了以真实情境为场域的教学新样式。

2. 整合多方教育资源

学校依托独特的地理优势，将遵义会议会址、红军山、娄山关、苟坝会议会址、四渡赤水纪念馆等建设成“遵义小红军”实践活动基地，筹建红军故事苑、少年军校、“国器大道”等。

学校联合遵义市广播电视台少儿广播、123 国际俱乐部共同打造的《红色童声》；借助 CCTV 大型公益励志节目《极速少年——中国小学生 30 人 31 足团队劲跑大会》开展的“极速少年”；协同家长、学生、社区工作人员资源开播的“小红军”电视台等。

3. 丰富多种课程元素

借助学校、家庭、社区资源，从与生活密切相关的事物入手，打破传统的框架，将与教学密切相关的教师、学生、学习媒介、学习场域等元素有机整合，以生活题材为学习单元，对知识进行重组和统整，让学生更灵活自主地参与到学习中来。借助遵义会议纪念馆资源开展的“红色宣讲员”、利用遵义公园进行的“夺宝奇兵”便是其中的重要代表。

4. 形成红色育人联盟

该综合实践活动课程的实施不仅引领了学校的教学改革，还极大地促进了师生的成长，其经验得到多方认同。学校为遵义市内多所学校提供培训，多名宣讲员到省外高校宣传交流，受到社会各界的好评。学校还与遵义长征沿线学校结为红色联盟，建立“遵义小红军”综合实践活动课程研学平台，在学科整合、办学理念、课程开发上相互学习，取长补短，共同开发综合实践活动课程，协同在全域推进“红色文化育人”系列综合实践活动课程的开发与实施，实现区域共同体联合发展。

红色教育类的综合实践活动课程传承红色基因，顺应时代发展，是中华民族伟大复兴进程中不容忽视的教育内容。儿童是一颗需要点燃的火种，在红色教育资源开发的时候，我们要从儿童成长的角度，丰富课程精神内涵，重视学生学习方式，力图让学生主动践行社会主义核心价值观，最终成为新时代小学生的价值追求。

只有通过课程中各种具体的活动来体验和感悟红色精神的意义与价值，才能真正让它沉淀为学生的内在品格，根植于心灵的血脉深处，凝成最宝贵的精神财富。

本文撰写：贵州省遵义市文化小学　付文进　赵雪梅　秦　博

做最好的自己

——河北省石家庄市青少年社会综合实践学校职业体验课程资源开发案例

没有无用的人，只有没有找对自己职业的人。如何选择一个合适自己的职业，是每一个社会人的基本需求。但当我们踏入社会，职业的选择由于专业的限制，已经缩小了范围，如何获得更多合适自己的职业选择，需要我们在初中甚至小学就要进行职业体验，准确定位自己的发展方向。石家庄市青少年社会综合实践学校通过多种多样的职业体验和高校研学活动课程的开发，进一步完善学校综合实践活动课程的活动形式和内容，推动石家庄市综合实践活动地方课程资源的不断研发，探索学生评价多元化的方向，在过程中也促进了综合实践活动课指导教师的专业化成长。

发现与辨识

了解自己，开启幸福人生

石家庄市青少年社会综合实践学校位于河北省石家庄市太平河畔，是石家庄市唯一一所校外综合实践基地，2017 年又被教育部命名为第一批全国研学实践教育营地，具有承担全市中小学生校外综合实践活动、统领全市中小学生研学实践教育的职能和先天的资源优势。校内设有职业体验课程，校外紧邻石家庄职业教育园区资源。结合园区内装备制造学校、电子信息学校、财经商贸学校、交通运输学校、文化传媒学校、旅游学校、城市建设学校、现代农业学校、学前教育学校等多所现代中等职业学校的教育资源，我们积极开发公共实训基地和技能鉴定中心、双创科技园、图书信息中心、体育馆、艺术馆等共享设施的课程价值。

根据《指导纲要》要求，职业体验作为综合实践活动的主要方式之一，要让学生在实际工作岗位上或模拟情境中见习、实习，体认职业角色的过程，获得对职业生活的真切理解，发现自己的专长，培养职业兴趣，形成正确的劳动观念和人生志向，提升生涯规划能力。根据不同学龄段学生的身心特征和实际需求设计不同阶段的职业体验活动课程，利用现有研学资源，开展综合性的学习，从而落实育人的价值。

挖掘与重组

从职业认识到职业体验

根据《指导纲要》和《关于推进中小学生研学旅行的意见》，结合河北省中高考改革意见和学校教育理念，我们进一步明确职业体验的基本步骤，把握职业体验的价值，准确定位，合理开发与利用青少年社会综合实践学校校内的职业体验教育资源，不断拓展课程的丰富性和专业性，构成完整的职业体验课程体系。

1. 职业初体验——营地内部体验课程

利用石家庄市青少年社会综合实践学校校内岗位资源，开发体验课程。各个学校每次来到这里，都需要在校内吃、住和进行实践活动，校内的餐厅、宿舍、物业管理等都可以成为学生的职业体验岗位。我们通过遴选让一些学生选择劳动和管理岗位，例如见习厨师、见习物业服务、见习保安员、小助教等，穿上专门的职业服装，与我们的工作人员一起在相应岗位开展体验活动。在体验第一天，学生需要了解该岗位的工作流程、规章制度以及负责的工作内容，在之后几天的职业体验过程中由各岗位工作人员全程陪同指导和监督，按照岗位规章制度履行职业职责，最后需要形成一份职业体验观察报告表。

2. 专业的是最棒的——职教园区体验课程

我们的学校就在石家庄职业教育园区内，有着丰富的职业教育资源。我们以进阶的形式，结合园区内多种职业学校的教育资源，组织开展适合不同年级学生的职业体验活动，更好地发挥公共职业设施的课程价值。其中，以“求职—见习—实作”来组织进阶性体验。

初级的求职阶段，组织学生进行面试，通过模拟应聘活动将学生分成不同的职业团队，然后组织进行职业前期培训，让学生对职业素养的要求和内容建立基本的概念。活动过程中，涉及社会面试的场景模拟、职场培训的要求，让学生在学校期间就开始接触社会生活。

中级的见习阶段，组织学生在职业学校、职业学校合作企业单位集体进行参观学习，让学生进行简单的操作，真实地感受专业工作的氛围。

高级的实作阶段，在中级阶段经过评测分数较高的学生，经过班主任确认，该学生的心理素质较高且具有基本职业素养和能力后，组织这批学生小范围内进行专题小组实作活动，以助手的身份在真实的工作场景中参加工作，获得职业体验。

此外，还可以组织专题学习活动，例如，以小记者、小观察员的身份对行业领域精英进行采访与调查，并进行录制与拍摄活动；完成职业调查的主题活动，帮助学生了解真实的职场环境，职业生涯规划要充分熟悉与了解相关的环境，评估环境因素对职业生涯发展的影响，分析环境条件的特点、发展变化情况，把握环境因素的优势与限制；对专业人士进行访谈活动，通过小组合作完成职业的调查分析报告，了解相关专业和行业的地位、形势以及发展趋势。采用 PEST 分析模型对所在的社会环境和企业环境进行分析，再结合自我分析的结果，一一罗列出来，做好自己的职业生涯专业表。

通过这样一系列的职业体验活动，可以提高学生对专业的理解，帮助学生规划好自己的职业理想，建立生涯规划，为将来的升学、留学、选择职业与专业目标定位提前做准备。

3. 我的专业理想——高校研学课程

开展高校研学课程，到市内各大高校、京津冀名校进行研学，帮助学生了解各学校的专业设置，引导学生树立职业理想和专业理想的现实依据和参考。

近距离研学：以职业技术学院为主要研学点，了解本地区发展需求与政策，并在相应专业企业进行参观，分析本地区该职业发展情况与基本技能需求，撰写调查报告。

远距离研学：以名校研学为主，通过不断地组合和更新研学线路，不断完善以专业为主线的名校强专业研学路线，让学生在研学中了解专业知识需求，树立远大理想，根据高校专业要求，调整自己的备考学科与学习方向。

运用与活化

让职业体验活动课程拥有长度和深度

职业体验活动课程不是简单的体验，只有经过系统的课程安排，深度的学习经历，才能真正激发学生对个人志业的内在认识和动机。

第一，要制订周密的计划。学校以激发学生“做最好的自己”为理念，起草职业体验课程开发总体方案，经审议通过后，各课程的开发教师根据方案制订具体的、操作性强的实施计划，涉及课程实施方法、组织教学、课时安排、场地的安排、人数的要求等内容。

第二，要提升教师的能力。通过教师培训，使指导教师明晰自己的使命与责任，学习新颖化的教学指导方式，真正获得对学生进行实践活动课程指导的专业能力。

第三，要深研课程的开发。教师结合学生各学龄段的特征，设计符合各个学龄段的心理辅导课程、职业体验课程、研学实践课程，再根据不同年级学生的个体差异、实际需求，细化基本途径，选择合适的内容来充实体验课程方案，并付诸实施。

第四，要完善活动的体系。在每次的体验活动开展后，学校带着教师整理和分析活动结果，并通过课题研究，不断改进完善，力争打造出精品职业体验课程，推广到石家庄各个中小学，形成具有石家庄市特色的职业体验教育成果。

为了确保课程开发的有效性、合理性，我们还高度重视课程的评价，主要从两方面展开：一是对教师的教学活动实施评价，包括教学准备、教学方式、教学态度等方面评价，这样有利于促进教师自身专业的发展。评价以教师自我评价为主，同时重视学生、家长、教师同行、校长对教师的评价。二是对学生成长的评价，关注学生在活动中的实际感受。评价的方法包括观察、调查、考查学习知识、成果展示等。

联结与管理

建构内外协同的职业体验课程实施体系

作为综合实践活动课程的校外中心，石家庄市青少年社会综合实践学校的高效运行，有赖于内部提升能力和外部协同借力。

1. 以课程质量为重的校内管理机制

校长作为职业体验课程研发组长，对职业体验活动课程整个实施过程全面负责，副校长具体负责课程实施、评价环节等工作，同时由有热情、有责任心的教师担任研发小组组长和主研人，令我们的职业体验课程有计划、有组织、有序有效地开展起来。学校正在组织编撰的带有本校特色的《职业体验——做最好的自己》一书，为今后进一步优化课程指明了方向。

2. 以“互联网 +”打破学校的时空限制

对于学生而言，石家庄青少年社会综合实践学校不是常态学习学校，通常在校内的学习最长不过只有几天时间。但是，互联网的力量是不可估量的，我们的职业体验课程顺应时代的潮流，通过互联网丰富授课方式。通过网络平台授课，让孩子们在离开这里后，随时随地都能和老师展开互动，解决了课堂时间和空间的限制。

3. 以社会力量充实学校的课程资源

在职业体验课程开展实施过程中，营地和参训学校以学生为枢纽，以职业体验活动为纽带，充分利用各种社会企业资源，为学生的职业体验服务。正是因为社会资源的支持，学生的职业体验丰富、真实、精彩，广受学生和家长的好评。

职业体验活动课程作为石家庄市青少年综合实践学校的一个重点项目，不仅为石家庄市中小学生打开了认识社会、走进职业、规划自我的一个窗口，也为帮助中小学校更好地落实综合实践活动课程中的职业体验提供了一个实践的区域样式。

本文撰写：河北省石家庄市青少年社会综合实践学校　王林源

耕读传家久，诗书济世长

——河北省石家庄市青少年社会综合实践学校农耕文明实践课程的资源开发案例

纵观上下五千年，农耕文化是存在于中华民族基因中的人类文明，中华民族自古就有“耕读传家”的传统，农业耕作中蕴含的科学道理、风俗民情、文化传承更是经过祖祖辈辈不断探索积累形成的瑰宝。开发农耕体验综合实践活动课程，对于中小学生深刻理解中华民族的发展历史、认知劳动人民的智慧、牢固文化自信具有很强的助推作用。

发现与辨识

农业知识浅识

石家庄市青少年社会综合实践学校周边环境优美，校园内部还拥有田地，参训学生可以在这里体验耕种、收获等劳动课程，学会辨识农作物、药材等。成为研学实践营地后，周边的农业园区及劳动教育基地更加丰富了学校的课程资源。为了更好地开发农耕体验课程，学校利用营地内资源及辐射周边特色基地，开展农耕文明实践课程，丰富实践课程内涵，增强中小学生的民族自豪感。

“春种一粒粟，秋收万颗子”“锄禾日当午，汗滴禾下土”耳熟能详的诗句是当代未参加过农业劳动的小学生对农耕的最初印象；“寒来暑往，秋收冬藏”是中小学生对农业耕作的浅表认识，至于节气和农业的关系、农作物的种类、农作物如何成为桌上餐，则是一知半解甚至根本不了解。

随着《指导纲要》的出台以及研学实践教育的兴起，中小学生的课堂不再拘泥于一间教室、一所学校，而是有了越来越多的体验机会。2017—2018 年，石家庄市教育局评选命名 53 家研学基地，其中以农业和农耕为主题的基地有 10 余家，分别以传统农耕体验、农作物采摘、现代农业科技为特色，使中小学生在研学实践教育中能够接触到土地、各种农作物，体验到不同形式的农业劳动。想通过一两次研学实践活动改变当代中小学生“四肢不勤，五谷不分”的现状是不可能的，但是对于推动中小学生对农业的认知、体验劳动乐趣有一定积极作用。诗人海子说“从明天起，关心粮食和蔬菜”，“粮食和蔬菜”象征了海子对于幸福理想的追求。我们的农耕体验课程并不是想培养农民，而是要孩子们敬畏土地，尊敬辛苦劳作的农民和农业科学家，爱惜每一颗粮食，因为这些是关系到我们幸福生活的基础保障。

挖掘与重组

农耕文明中的课程资源

农耕文明实践课程内容很丰富，学校教研组将其归结为几个模块：中国农业发展史、中国农具、中国“农人”、中国作物、中国“农食”等。

农耕文明实践课程重在“体验”和“探究”，根据《指导纲要》，在体验中内化并生成新的问题，探究并解决问题，逐步达到价值体认、责任担当、问题解决、创意物化的课程目标。学校以中国学生发展的核心素养为引领，根据不同学段、不同年龄学生的生理和心理特点，整合课程资源并分学段、分层次加以利用。

中国农业发展史——课程资源的串联

1. 小学课程——传统文化资源的串联探究

指导教师以古代“农人”传说为线索，导入课程情境，引导学生查阅相关资料，以故事演绎的形式呈现，如《神农尝百草》《后稷教民稼穑》《舜耕历山》等传说故事。

2. 中学课程——以劳动工具的发展串联人类发展史

指导教师以生产力发展为主线，引导学生探究“随着生产力发展，劳动工具的变化对农业发展产生的影响”，并指导学生完成相关论文。

中国农具——物化成果的呈现

指导教师以实物、图片、视频等形式展示介绍几种常见农具，例如：锄头、犁、镰刀等。

1. 小学课程——“认”和“用”

阶段 1，设计知识竞赛，分别就农具的名字、用途、适用作物等进行比赛，加深学生对农具的认识。

阶段 2，实际操作比赛，到农业主题研学基地进行农具使用操作比赛，让学生体悟原始农业劳动的艰辛，形成珍惜粮食的价值体认。

2. 中学课程——“动手制作”和“动脑思考”

阶段 1，分组探究农具种类及用途，实际操作体验，可以用比赛的形式增加活动趣味性。

阶段 2，运用所学到的数学及物理知识，根据指定用途改造或设计农具，动手制作农具。（物化成果：设计图和农具）

阶段 3，查阅资料，了解当今先进的农用机械，探究科技的发展对农业的影响，完成相关论文。

中国“农人”——责任感和担当精神

1. 小学课程——认识中国“农人”

教师指导学生查阅资料，找出我国当代农业主要领军人物及其重大贡献，如袁隆平——杂交水稻之父，方智远——蔬菜遗传育种专家，曾德超——农业工程与农业机械学专家等。讨论这些著名“农人”对我国农业发展的推动作用，撰写心得体会。

2. 中学课程——“农人”与科技发展

阶段 1，教师指导学生分组探究我国当代农业主要领军人物及其重大贡献，撰写农业科学家与现代农业发展的相关小论文。

阶段 2，“访谈农业研究人员”研学课程。带领学生以小组为单位，到石家庄农业科技园访谈一位研究人员，以其主要研究项目、预期成果、社会效益等为内容撰写访谈报告。

中国作物——对家乡的了解和热爱

1. 小学课程——了解身边作物

指导教师引导学生说出自己家乡的代表性作物，以作物名称、特点和产地等设计知识竞赛，达到知识科普的目标。

2. 中学课程——了解地域性作物

在指导教师的引导下，查阅资料，分别列出我国不同地域的代表性作物。

中国“农食”——对生活的热爱

1. 小学课程——制作常见美食

阶段 1，指导教师引导学生分组讨论家乡美食，抢答制作每道食品用到的农作物。

阶段 2，学生分小组合作制作一道家乡美食（教师需课前准备当地常见食品原料）。

2. 中学课程——家乡和美食

阶段 1，分组合作，探究当地主要农作物及相应美食。

阶段 2，社会调查。以“舌尖上的石家庄”为主题，分组到当地农家做调查，从农作物种植、收获、加工到成为桌上美食，撰写完整的调查报告。

运用与活化

农耕文明下的中国——追踪和延伸

通过上述综合实践活动课程，学生对农耕文明具有了基本的价值体认。在此基础上，通过课程的延续，继续将农耕与中华文明内化为学生的价值观。

1. 成立课程研发及追踪小组

为完整实施农耕文明实践课程，学校组建了由 10 名教师构成的固定的课程研发及追踪小组，全程实施、观察及追踪课程效果，从校内的综合实践活动到校外的研学课程，再到课下的延伸追踪，对参与活动的学生进行过程性评价，活动完成后进行周期性总结评价，在此基础上进行反思并调节课程设计及设置。

2. 遴选试点校——确定活动对象

为便于进行课后追踪，课程研发及追踪小组从参训学校中遴选试点校，将农耕文明实践课程设置纳入参训学校的教学计划，共享课程资源，长期合作育人，定期回收学生研究成果。

3. 设计延伸内容——明确活动主题

从农耕文明的发展与中国的国际站位、中国农业的发展前景入手，设计课堂延伸主题：现代农业发展之中外对比、中国“三农”发展和新农村建设、中国食品安全与国际贸易战。以三大方面主题为内容，借助家长、教师的力量，展开调查并撰写调查报告（小学）、论文（中学），引导学生拓宽视野、正视差距、树立自信、坚定理想信念。

4. 制作学生成果汇编——保存反馈资源

定期收集学生成果，整理并制作学生成果汇编，可作为课程反思资料及课题研究资料。

5. 编写农耕文明实践活动课程教师指导用书和学生手册——物化研究成果

完整开展一期农耕文明实践活动课程后，教研组教师反复讨论、修正、完善课程设计，编写农耕文明实践活动课程教师指导用书和学生手册，用于指导日后的课程实施。

联结与管理

耕读传家久，诗书济世长

农耕文明课题是需要长期专注并耐心打磨的，综合实践活动课程本身就没有统一课标和标准的评价体系，这给课程的实施造成一定困难。石家庄市青少年社会综合实践学校以农耕文明实践课程为抓手，探索形成了适应学生发展需要的综合实践课程活动模式。

1. 科学制定课程规划

（1）充分开发课程资源，完成初步教学设计。石家庄市青少年社会综合实践学校利用先天优势和周边资源，充分发现并生成课程资源，以课程研发成员为主，构建课程体系并完成初步教学设计。

（2）全程跟踪课程实施。研发小组对参加综合实践和研学活动的学生进行指导，收集活动中生成的新的探究点，发现课程设计在实施中的问题。

（3）反思和改进教学设计。通过实施跟踪，反思教学设计中的漏洞，改进完善教学设计并调整教师指导方向。

2. 加强与试点校的合作

通过实施课程，确定试点校，并加强联系与合作，借助试点校力量，完成课程的实施、延伸与提升，收集学生、教师的成果。

3. 建立三方评价体系

以学生综合素质评价为参考，与学校共同建立课程评价体系，实现学生自评、学校评价和营地评价三方评价。

4. 完善教师指导用书和学生手册

通过课程实施、评价、提炼、升华，广泛征求试点校教师及学生意见，进一步完善农耕体验综合实践活动课程教师指导用书和学生手册。

“不忘本，立自信，谋发展”是石家庄市青少年社会综合实践学校开发农耕文明综合实践活动课程的初衷，使中华文明得到传承并发扬光大是课程的主旨。

本文撰写：河北省石家庄市青少年社会综合实践学校　刘　倩

老街文化的“寻根”之旅

——江苏省南京市高淳区淳溪中心小学综合实践活动课程资源开发案例

悠悠五千年的神州大地散落着一条条老街，历经岁月的淘洗，愈发弥漫着古铜般的历史光泽和古代建筑神韵。老街是一座城市文明的活化石和教科书，讲述着所属地域优秀、厚重的传统文化。由此老街也是学校课程资源开发与建设丰富的宝藏，同时也是学生综合实践活动课程开展的广阔舞台。南京市高淳区淳溪中心小学（以下简称“淳小”）建设“寻根老街文化”的综合实践活动课程，期待看到这样的画面：走出淳小的学生，能娓娓描述具有浓郁传统文化味儿的菁菁校园，津津乐道家乡的方言俚语，侃侃而谈白牡丹的动人典故，头头是道游子山“晒霉”的故土风俗人情……

发现与辨识

一双布鞋走出来的文化：促进家国情怀的价值体认

城市化的一代，不应该成为没有过去、缺乏历史、无法寻根的一代。他们应该有故土的概念，而不是被城市化淹没，无根可寻。诗人叶赛宁说：“去找故乡吧，没有故乡就没有诗人！”“寻根老街文化”综合实践活动课程资源建设就是重温传统，寻访故乡，以文“化”人；“寻根老街文化”综合实践活动课程资源建设就是培养学生文化认同、文化自信最有效的载体；“寻根老街文化”综合实践活动课程就是留在学生心底最温暖的记忆。淳小紧邻中国历史文化名街——高淳老街历史文化景区。基于地域文化背景，综合实践活动课程开启了探寻乡土历史之根、亲情乡情之根、优秀传统文化之根、人类文明之根的“寻根”之旅，建构出以儿童成长为中心、以培养学生核心素养为重点、符合校情的综合实践活动课程。

学校“老街文化”主题馆陈列着高淳羽毛扇、布鞋、刺绣等非物质文化遗产（以下简称“非遗”）。学生对里面的老街布鞋很感兴趣，于是便以“一双布鞋走出来的文化”为主题，分小组展开寻根与探究。非遗文化小组对老街布鞋非遗传承与保护的现状开展调查，撰写调查报告和倡议书；经济文化小组从老街布鞋带给家乡人民的经济效益入手，制作宣传名片和营销策划书；手工艺文化小组通过走访老街布鞋传承人，了解制鞋工艺，动手学习纳鞋底、做鞋帮；名人文化小组则通过实地走访和网络查询，了解布鞋与名人之间的趣闻逸事，在班级开展老街布鞋名人文化故事会。学生在参与、体验、感悟中，培养了创新精神和实践能力，实现了学习方式的变革。同时，乡土文化的熏陶让学生从小烙下乡土文化的印记、种下乡愁的基因，长大以后离开家乡，也会在“每逢佳节倍思亲”的诗句中，勾起对故土、亲人、乡土文化的深深追忆，成为有故土根、家乡情的人。

挖掘与重组

“老街文化”物型课程资源建设

江苏省教育厅《关于推进小学特色文化建设工程的意见》指出：“在生活、自然与课程的有机结合中，建设具有浓郁课程文化氛围的教学环境，释放教育之美的正能量，开拓环境育人的新境界，是学校特色环境建设育人功能的重要体现。”淳小以老街为载体、优秀传统文化为主题、老街文化元素为原料，着力建设探寻理念之根、历史之根、传统之根、智慧之根、文化之根的物型课程资源，为实施校本化综合实践活动课程提供有效载体。

1. 寻根“老街文化”篇——四廊五道

学校廊道文化通过文字、图片、模型，展示了高淳老街区市级以上非遗项目21项，其中国家级1项、省级13项。珍视文化遗产，守护精神家园，淳朴的民风民俗彰显了吴风楚韵的地域特征。学生徜徉其间，仿佛置身于老街非遗大观园：高淳民歌、民间舞蹈、民间故事丰富多彩，民间手工技艺绚丽多姿，阳腔目连戏被称为百戏之祖，东坝大马灯成为国家级非遗……结合廊道物型文化从老街厚重历史文化、典雅建筑文化、独特饮食文化、多彩民俗文化、淳朴方言俚语文化、精美手工艺文化、卓越名人文化、多样曲艺文化、悠远典故文化、璀璨名胜文化、传世书画文化、老街文化传承与保护十二个主题开发“寻根老街文化”校本课程，在综合实践活动课中开展实施。

2. 植根“老街文化”篇——十一主题园

乐耕园：勤耕心田，乐获硕果；本新场：立本求新，强身健体；养根园：养德在根，气度在节；立根园：立根秀水，润泽乡梓；壮根园：根强苗壮，桃红李艳；淳和园：德器淳雅，和愉宁静；润智园：润物无声，智圆行方；咏淳园：山水俊秀，骚客折腰；翰墨轩：笔墨养志，横竖显情；淳溪园：上善若水，厚德载物；淳真园：英华发外，唯乐淳真。学校十一个“老街文化”主题园青砖小瓦马头墙、飞檐翘角，浓浓江南韵味，隽永持重。学生或在乐耕园感受祖辈的辛苦劳作，领略日出斗金、日落斗银的“江南胜地”美誉；或在咏淳园吟诵李白来高淳写下的“龟游莲叶上，鸟宿芦花里。少女棹归舟，歌声逐流水”的千古佳句；或在养根园扫描传统节日二维码，感受家乡端午龙舟竞渡、粽叶飘香的浓浓习俗……学校围绕“老街文化”主题园开发与实施的“植根老街文化”

校本综合实践活动课程，在学校常态化推进。

3. 养根“老街文化”篇——五十五柱六十八梁

学校梁柱文化将唐诗、宋词、《三字经》、《弟子规》、《增广贤文》、《论语》等国学经典镶嵌其中。课间学生或驻足吟咏，或凝神默识，或仰首赏析研读。每周五晨会全校性集体诵读，字字珠玑，师生浸润其中。学校还开发与实施了“根的教育——国学经典诵读”校本课程，真正让传统文化进校园工程在学校落地、生根，将中华优秀传统文化基因根植于学生心田，浸润于学生血脉，实现以文“化”人、以物“育”人的学校物型文化建设宗旨。

4. 立根“老街文化”篇——一室一馆一基地

“老街文化”教室建设。以学生围绕老街文化典故、民间曲艺、工艺、美食、诗词书画等主题，开展“娃娃小课题”研究，通过图片、文字、实物等形式将探究成果进行班级文化布置，形成浓郁的“老街文化”班级意蕴。

“老街文化”主题馆大厅陈列绣艺、泥艺、扇艺、画艺、鞋艺、纸艺“六艺”学生作品。正中大型浮雕上刻有古代“高淳四宝”及现代高淳国际慢城、固城湖大闸蟹等老街本土文化元素，彰显老街文化的厚重与创新。主题馆还建有老街少儿采菊东篱坊、兰亭坊、手工坊、丝竹坊、天籁坊、踏歌起舞坊、运筹帷幄坊七大“老街文化”学生社团工作坊，包括方言童谣俚语社、梨园社、民间故事会、扎塑、剪纸、十字绣等40多个社团，学生在工作坊通过教师引领、同伴互助、主题分享的学习方式，在富有传统文化意蕴的和谐氛围中发展自我，愉悦身心。

“老街文化”特色课程基地。学校与高淳老街、高淳博物馆、薛城遗址、高淳非遗馆等场馆对接，积极探索将课程学习与社区服务、研究性学习与社会实践相结合的途径和方法，充分利用场馆优秀、厚重的传统文化资源，建立“老街文化特色课程基地”“老街文化少儿研究所”“老街文化体验馆”等课程基地，开展丰富多彩的综合实践活动。

“三轴十二主题”课程资源建设

学校在一方乡土之中，师生是一方乡土的人，学校课程自然离不开乡土文化的滋养。可以说，乡土文化是课程的“根”，是磨砺学校课程最具鲜明特色与气质的载体。乡土文化资源是学生学习最容易亲近、最接地气的课程资源，也是教师教学最便捷、最具效益的课程资源。乡土课程的开发应从地方的文化传统、地方经济和社会发展的需要、地方自然环境和生态发展特点等方面，培养学生对本土文化的认同和尊重，形成“根”的意识。“寻根老街文化”综合实践活动课程资源的整体架构为——区域轴：高淳老街、江苏老街、全国老街、世界各地唐人街；文化轴：老街的建筑文化、老街的民俗文化、老街的饮食文化、老街的历史文化、老街的生态环境文化等；形式轴：摄影、书画、诗文、工艺等。课程一共安排了厚重历史、悠远典故、典雅建筑、方言俚语、多彩民俗、卓越名人、精美手工艺等十二个主题，按年级分上、中、下三册，分别在三、四、五年级综合实践活动课程中实施。

“寻根老街文化”六十项微行动建构

淳小基于“老街文化”课程资源建设，提出与实施“寻根老街文化”微行动（简称“微行动”），每个年级十个主题。“老街文化”课程资源承载着六十项微行动的开展，六十项微行动开展又丰富着课程资源建设。“老街文化”课程资源建设基于学生年龄特征、实际认知水平，体现结构性、序列性，反映在微行动设计上也就体现出阶梯、纵深发展。如在民间文化主题系列活动中，从一年级的“玩一个民间儿童游戏”到六年级的“赶一次民俗庙会”，设计安排了六个“微行动”，是依据学生年龄特征和认知结构特点、学习难易程度呈渐进状态，关注学生学习过程和学习状态及认知、体验、实践、探究等核心素养的培养。

表 4-1 “寻根老街文化”六十项微行动

	一年级	二年级	三年级	四年级	五年级	六年级
1	寻根老街文化 ——春节	寻根老街文化 ——元宵节	寻根老街文化 ——清明节	寻根老街文化 ——端午节	寻根老街文化 ——中秋节	寻根老街文化 ——重阳节
2	薛城遗址 亲子游	高淳博物馆 亲子游	高淳老街 亲子游	漆桥老街 亲子游	南京民间民俗文化 生态园亲子游	家乡历史 文化名街亲子游
3	我是老街文化 故事大王	我是老街文化 小宣传员	我是老街文化 小导游	我是老街文化 小导游（中文）	我是老街文化 小志愿者	我是老街文化 小导游（英文）
4	我是老街文化 小画家	我是老街文化 小小书法家（硬笔）	我是老街文化 小戏迷	我是老街文化 摄影小达人	我是老街文化 小小书法家（软笔）	我是老街文化 小作家
5	传承老街文化 践行餐饮之礼	传承老街文化 践行行走之礼	传承老街文化 践行言谈之礼	传承老街文化 践行游览之礼	传承老街文化 践行待人之礼	传承老街文化 践行仪表之礼
6	玩一个民间 儿童游戏	学一样民间乐器	做一件民间 手工艺品	跳一支民间舞	唱一首民歌	赶一次民俗庙会
7	我是老街文化 国学经典诵读星	我是老街文化 小小神算子	我是老街文化 美食小达人	我是老街文化 体育小达人	我是老街文化 小记者	我是老街文化 小小研究者
8	我是老街非遗 文化代言人 ——老街布鞋	我是老街非遗 文化代言人 ——老街羽毛扇	我是老街非遗 文化代言人 ——东坝大马灯	我是老街非遗 文化代言人 ——高淳跳五猖	我是老街非遗 文化代言人 ——高淳方言	我是老街非遗 文化代言人 ——高淳四宝
9	听一段老街 文化奇闻轶事	说唱一段老街 文化童谣俚语	寻访一位老街 历史文化名人	阅读一篇老街 文化经典诗文	赏析一幅老街 文化书画作品	走访一位当代 老街文化名人
10	践行老街文化 绽放入学之仪	践行老街文化 献礼妇女节	践行老街文化 绽放成长之仪	践行老街文化 献礼劳动节	践行老街文化 献礼教师节	践行老街文化 绽放毕业之仪

运用与活化

基于探究的在场深度学习

1.“老街文化”课程基地：发现、探究、服务学习方式借此落地

综合实践活动课程强调学生亲身经历各项活动，在“动手做”“实验”“探究”“设计”“创作”“反思”的过程中进行“体验”“体悟”“体认”，在全身心参与活动中，发现、分析和解决问题，体验和感受生活，发展实践创新能力。

《教育部关于全面深化课程改革落实立德树人根本任务的意见》指出：“强化教学的实践育人功能，确保实践活动占有一定课时或学分。实施‘实践育人共同体建设计划’，建立一批青少年社会主义核心价值观实践基地，充分发挥社会实践的养成作用，引导学生在服务他人、奉献社会中升华对社会主义核心价值观的认知理解。”学校积极与高淳老街管委会对接，本着校街优质教育资源共建共享的原则，充分利用、整合中国历史文化名街高淳老街优秀、厚重的传统文化资源，在高淳老街建设“老街文化特色课程基地”“老街文化少儿研究所”“老街文化体验馆”等综合实践活动课程基地，引领学生走进老街，寻访、感受、探究、传承与保护老街文化。老街文化课程基地主要开展以下活动：

（1）“老街文化娃娃小课题”研究。依托高淳老街建立的综合实践活动课程基地，围绕老街历史文化、建筑文化、手工艺文化、书画文化、美食文化、民间文学文化、传统节日文化、民俗文化等形成的娃娃小课题，学生通过自主申报、自我管理，有效开展研究。

（2）老街文化小导游。聘请校内特长教师和老街专业导游为导师，综合实践活动课开启校内培训、模拟导游、老街实地见习、上岗导游的系列培训模式。培养学生搜集处理信息、和谐人际关系、提高社区服务

能力，促进学生全面而又个性的发展。

（3）“寻根老街文化”亲子游学。用亲子游学的方式，以“玩”为触点，综合实践活动课通过实践体验、德育渗透、贴近生活、学科整合、多元评价等途径开展寻根“老街文化”系列子课题研究性学习，以丰富多彩的活动成果展示方式分享游学成果，发展学生的探究精神和创新意识。

2. 老街文化物型课程：深度学习发生的背景、土壤和环境

物型课程资源建设指向在物，关键在型，突破在课程，目的在育人，致力于“环境—文化—教育—课程—深度学习”的不断探求和生成。物型课程倡导在场学习、体验学习、探究学习、跨学科学习，是深度学习发生的背景、土壤和环境。如在学校“寻根道”，学生对老街糕点很感兴趣，于是便以“醇醇乡味——‘寻根’舌尖上的老街”为主题，组织学生分小组展开寻根与探究。“寻源小组”从老街糕点的起源、历史与传承开展探究，撰写调查报告。“文化小组”从糕的寓意、文化内涵进行挖掘，了解“糕”与“高”谐音，寓含“吉祥”“进步”“高尚”，制作文化宣传名片。“经济小组”从老街糕点给家乡人民带来的经济效益入手，撰写营销策划书。“工艺小组”则通过亲身实践，学习制作糕点，了解制作工艺，感受工匠精神，撰写非遗申请报告。

3. 课程学习卡：过程评价方式让学习润物细无声

学习方式的变革归根到底取决于评价方式的变革。淳小将综合实践活动课程评价与学习动力激发、学习品格养成、学习能力提升等多维度有机结合，推动“为了学习”“为了可持续发展”的评价机制改革；提出“寻根老街文化”六十项微行动的主题研究性学习和多元评价机制，以培养学生人文情怀、审美情趣、勇于探究、社会责任、国家认同等核心素养为指导，规划与设计每一项微行动方案，一到六年级，每个年级十项。同时，研制微行动“寻根课程学习卡”，提出每一微行动相应的评价细则。微行动在实施过程中，以成长档案袋的方式，学生收集体现成长的

书画作品、手抄报作品、剪纸作品、摄影作品、参与活动的图片及视频、获奖证书等过程性材料，记录自我的成长轨迹。评价阶段，开展自我评价、小组评价、教师评价、家长评价与综合评价等方式，评选出“寻根老街文化”优秀档案袋、“老街文化”小使者、“淳质儿童”、“老街文化”优秀班级。

联结与管理

跨学科学习锻造课程文化

综合实践活动课程资源要与学校其他学科课程资源、专题教育资源紧密相连，努力实现课程资源的融合与优化，切实推动学校课程的整体改进。淳小开发基于实践、基于体验、基于研究的校本综合实践活动课程，为学生提供更加多元的课程选择，探索特色课程与研究性学习、与社会实践相融合的途径和方式，突破学科课程藩篱，融合不同学科的知识体系，让学生的学习过程更丰盈、更完善，同时锻造学校特色课程文化。

1. 与主题德育相融合

“寻根老街文化”综合实践活动课程倡导学生与生活的联系、学校与社会的联系，发展学生的创新精神、实践能力、社会责任感以及良好的个性品质。因此将综合实践活动课程资源与主题德育资源有效链接与整合，从而实施育人效益的最大化。如在传统节日文化主题园中，学生在感知具象的五大传统节日文化特有标志性元素的基础上，再通过扫描传统节日资源库二维码，以“寻根由来—知晓风俗—诵读诗文—实践传承—展示交流—活动评价”六个模块来建构校本综合实践活动课程项目化学习，突出主题式、体验性、探究化，引领学生在活动中全面挖掘传统节日课程内涵，凸显地域文化，培育学生的文化认同感。

2.“1+X”“寻根”微课程

“寻根老街文化”综合实践活动课程还积极探索与其他国家课程整合，建设适合学生需求、彰显学校课程文化的“1+X”“寻根”综合实践活动微课程。如缕缕乡情、熠熠乡艺、甜甜乡曲、纯纯乡音、浓浓乡俗、悠悠乡史、醇醇乡味等富有淳朴风、乡土味主题的综合实践活动微课程学习。如在“寻根：老街璀璨名胜文化”主题学习中，学生走进高淳老街杨厅，用文字描绘建筑艺术的雅致，用画笔勾勒建筑线条的优美，语文与美术学科相融合。学生用导游图的形式记录下老街的每一处名胜古迹，并配以简短文字介绍，数学、美术、语文学科相融合。学生在游览时，给外国游客做导游，跟老街艺人学唱方言童谣，跟同伴玩弄堂游戏，英语、音乐、体育学科相融合。

3.锻造学校特色文化

“寻根老街文化”综合实践活动课程建设极大地丰富了学校特色课程文化内涵，满足了学生对高质量、高品位、适合的课程的需求。课程资源建设在推动学生学习方式转变的同时，践行学校立德育人的宗旨，从而磨砺学校最鲜明的文化特色与气质，更好地服务、成就每一位师生。

中华优秀传统文化是中华民族的“根”与“魂”，学生的核心素养培养需植根于中华优秀传统文化。“老街文化”将优秀传统文化植根于乡土，从而将家国情怀、国家认同、社会责任等核心素养真正落地，是学校教育，特别是乡村学校教育义不容辞的责任。

一方水土养育一方人，一方水土必然也是一所学校独特的课程资源。从这个意义上来说，“寻根老街文化”综合实践活动课程资源的开发与建设，其方法与策略具有一定的可借鉴、可推广性。

“寻根老街文化”综合实践活动课程资源开发与建设中，无论是校内的物型课程资源，还是校外的特色课程基地资源，很多都是场馆资源。场馆是课程的载体，课堂的拓展，学习的场域，探究的空间。场馆学习具有情境性、开放性、直观性，强调教与学的互动。场馆学习中获得的直接经验、记忆更为深刻，容易迁移，又成为以后学习的重要积累。

本文撰写：江苏省南京市高淳区淳溪中心小学　赵红阳

第五章

这是自然的法则

遵循自然，跟着它给你画出的道路前进。它在继续不断地锻炼孩子；它用各种各样的考验来磨砺他们的性情；它教他们从小知道什么是烦恼和痛苦。

——卢梭

滋养童年，勇当“城市小农夫”

——“小农夫”系列综合实践活动课程资源开发案例

勇当“城市小农夫”，是南京理工大学实验小学（以下简称“南理工实小”）秉持“以实践为抓手、以生活为背景、以经验为基础的‘做中学’”理念所提出的育人新主张。对囿于书本、困于学校、乏于经验的现代城市儿童具有重要意义。赋予城市儿童“小农夫”的角色，希望城市里的孩子在体验劳动生活的同时，增进对自然的了解，呵护生命成长，拥有田园情怀，进而从促进认知、强健体魄、陶冶情感、关爱生命四个维度，给予儿童生命成长以温润的支持。

发现与辨识

“小农夫”实践园

南理工实小位于美丽的紫金山南麓，东邻南京理工大学，西靠南京农业大学，是一所集自然环境和人文环境于一体的现代化园林式学校。走进校园，绿道向前，斑驳阳光透过茂密的葡萄藤洒在长廊的地上，正是读书休闲的好去处。穿过长廊，映入眼帘的是脚丫形状的池塘，小小池塘群落，蕴藏着一些常见水生动植物生长的秘密。

2008 年，南理工实小设计了玄武区首个校内实践园——谐苑，主要分为动物养殖区、蔬菜种植区和植物观赏区三个区域。它的建成极大地满足了城市孩子饲养小动物的渴望，了解蔬菜瓜果生长情况的需求，同时增加了孩子们课间休憩、游戏的空间。2015 年 9 月，学校又将东侧约 8000 平方米的空地改造成学校的实践园，增大了果蔬种植区域，为学校开展校内“小农夫”系列实践活动课程提供了直接资源。同时，学校也与周边的中山陵茶厂、泉水山庄、南京理工大学兵器博物馆、南京农业大学农博馆等建立了校外实践基地。

这一片近万平方米校内实践基地被命名为“实践园”，以“做中学”基本教育理念为指导，以果蔬培育、树木种植、花草养护、保护动物相关的系列主题综合实践活动为载体，通过网络平台与实践基地相结合，普及和提升学生的农业文化素养，激发儿童探究物质世界的兴趣，树立绿色发展的理念。各种主题实践活动在这里展开，引导学生关注身边的社会生活与环境，感悟自我成长，学会分享与合作、沟通与理解、责任与担当，为学生构建一个丰富的、有活力的、“被滋养”的美好童年。

在南理工实小的实践园里，有着田园里独特的诗情画意。在这样集自然与人文于一体的真实情境下，孩子们脱离了课桌的束缚，带着美好的憧憬，开启了一场场别样的田园课堂学习。诗词歌赋书写着实践园里的春华秋实，分地行动丈量着实践园的每寸土地，双语的路牌设计让实践园更加国际化，四季的风景图见证了实践园的季节更替，丰硕的果实饱含了劳作的艰辛……带着对课程建设的整体架构，大家对实践园中所蕴含的课程资源有了更多认识。基于学科核心素养的培育在最真实的实践园中得以落地，跨学科的融合学习也得以实现。用课程推动资源的丰富，用活动驱动品质的提升，是南理工实小在实践园中行走的路径。

挖掘与重组

促进跨学科融合的学习

从“小农夫”系列综合实践活动课程资源的发现与辨识中我们不难发现，实践园固然是一个真实存在的学习场地，但更应该是一个可以基于学科特点向下深挖的巨大资源宝库，而学科学习遇到的复杂问题，可以利用多学科融合的项目制学习来达成。从学科学习，到跨学科学习，再到大型活动实践，这样的多样态实践让我们更立体而多元地开发利用课程资源。

1. 挖掘：创建真实情境的学习场，构建多元的田园课程

（1）“城市小农夫”四季田园课程与学科的整合。

● 基于学科项目化学习的四季田园课程建构

“学科项目化学习”更关注对学科核心概念与学科关键能力的运用深化。将低阶认知“包裹”在高阶认知里，培养学生的问题解决、批判性思维、沟通和合作等重要能力。

在“小农夫”实践园中开展基于学科的项目化学习，要深入分析实践园里的情境资源，发掘与学科核心知识、关键概念关联的真实问题，将相关的学科本质问题转化成为能够驱动学生主动投入思考、展开实践的学习任务。在任务驱动下，开展学习过程。

教师在进行学科项目化课程设计时可参考以下流程（图 5-1）：从学科核心知识出发，通过分析真实情境资源，将学科本质问题转化成具有挑战性和吸引力的驱动性问题；在问题解决过程中，要设计学生的实践活动与认知策略，促进高阶认知的发生与发展。教师在项目化设计初期

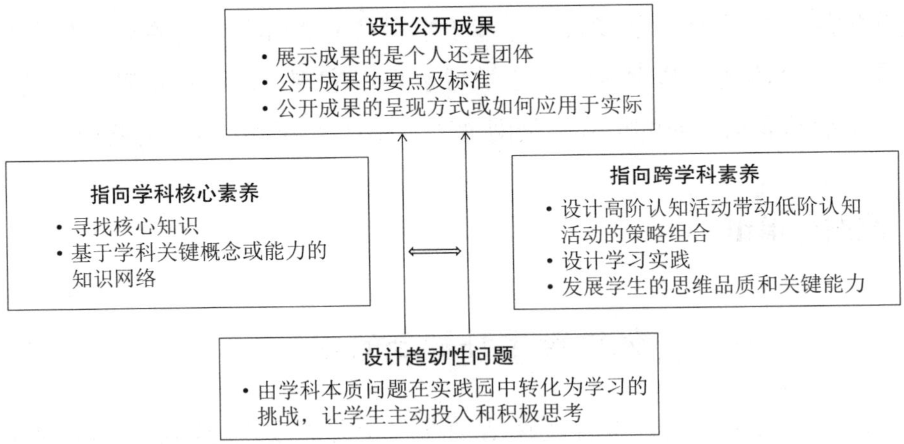

图 5-1　基于学科项目化学习的四季田园课程设计示意图

就要做好学习成果规划，明确学习成果的形式及如何进行公开展示。在整个项目化课程实施的过程中，评价不再聚焦于是否习得新的知识，更应该关注学生对学科核心知识与技能的拓展运用、理解内化，促进跨学科素养的生长。

● 基于学科项目化的四季田园课程创见

实践园里的一草一木皆是见证孩子成长的课程资源，承载着孩子独特的视角和记忆，而颇具特色的学科项目化学习旨在为孩子注入持久的内驱力。以语文学科为例，一节诗歌教学在实践园里进行着，孩子心里已然种下了美好的种子。2014 届六（5）班毕业生姜令闻再读《醉翁亭记》后，即兴模仿写下了《谐苑记》。该文被刻成碑文，树立在谐苑入口处，这也是学校实践教育最好的佐证。

谐　苑　记

环山（紫金山）皆楼也，其南方诸楼，奇特尤美。望之颜色红绿者（红色外墙的教学楼布满爬山虎），理工实小也。入校百步余，遂有牌坊迎余，谐苑也。人随路转，有楼巍然，临于苑边者，教学楼也。造苑者谁？今已不可知也。赋词者谁？本文作者也。作者与同学常戏于此，兴尽辄归，而爱打油诗，故自字曰达幽也。达幽之意不在诗，在乎谐苑之景也。谐苑之景，得之心而寓之诗也。

若夫日出而金光照，云归而天如墨，晦明变化者：谐苑之朝暮也。春芳发则幽香，夏木秀而浓阴，金秋桂芬，冬日水结冰者：谐苑之四时也。下课去，上课归，四时之景不同，而乐亦无穷也。

至于习者学于室，憩者戏于苑，前者勤，后者逸，一张一弛，如此之变换者：上下课也。苑中捉虫，草密而虫多；观虫细研，千奇而百怪，植物标本，杂然而前陈者：达幽研也。研究之乐，人非皆知。有人喜，有人恶，表情各异，交头且接耳者，同学感也。一人专注，时露微笑者：达幽得也。已而，夕阳向西，人影散乱，童子归而诸师护送也。小树无阴，鸣声起伏，同学去而禽鸟乐也。然而禽鸟知游林之乐，而不知人之乐；人知达幽研玩而乐，而不知达幽之乐其乐也。玩能同其乐，后能述以文者，达幽也。达幽谓谁？六五姜令闻也。

实践园的一景一物皆可成为学科项目化学习的情境。带着学科特色的项目化学习应该调整到教师、学校可以接受的角度，既不降低学业质量，又能提升学生学习的主动性、社会性和高阶思维能力。唤醒学科教师内在的设计力量，是学科项目化能够真正实施的关键。

（2）“城市小农夫”四季田园节日课程。

● 四季田园节日课程设计的原则

《指导纲要》提出，应该从学生的真实生活和发展需要出发，把在生活情境中发现的问题转化为活动主题，通过探究、服务、制作、体验等方式，培养学生综合素质。南理工实小在进行四季活动节日课程设计时，遵循了以下原则：一是趣味性。让学生在玩中学、做中学，潜移默化地习得知识，提高技能，促进学生内驱力的提升，让学习更为主动。二是服务性。要使每一位独具个性的学生在智力、情感、道德、身体诸方面都能够得到充分发展，要服务于学生现在和将来的发展需要。三是创新性。在学习中不断突破和摒弃，在实践中不断地成长，通过不断的迭代和升级，践行实践和创新。

● 四季田园节日课程的建构与实施

基于对“城市小农夫”四季田园的节日课程的建构，可以将更多的资源进行板块化梳理，既可以明晰课程的方向，也为具体的实施提供可靠的方向引领。

模块一：课题研究学习　这里的课题应该是基于实践园里生活化、情境化、经验化的真实问题，是基于学生的原有认知，开放的、跨学科的研究性主题学习。可以涉及人文、自然、社会等领域。“课题研究学习”的主要内容包括学生的社会调查、实地考察、社会实践与体验、实践园里四季的观察等活动。种子的成长记可以用画笔来记录，种子萌发条件可以一起来探究，种子的旅行方式可以编成故事，关于播种的诗歌可以一起朗诵。基于跨学科的融合，也会在更多的节日课程中向下深挖。

模块二：劳动与服务 马克思主张“教育与生产劳动相结合是造就全面发展的人的唯一方法”，我们可以通过积极地开展结合节日课程的园艺劳动、种植劳动和养殖劳动等，让城市儿童体会劳作的不易、收获的欣喜。学生可以结合实践园和社区周边的资源，开展生产劳动、公益劳动和义务劳动等，在节日主题化的课程中，体会田园的乐趣。在“缤纷童年”采摘节中，学生在亲身实践中感受采摘果实的乐趣和丰收的喜悦，带着这样的心境大家来一场愉悦的歌唱，让校园的每个角落都回荡着童年的美好。“冷冬”收藏节中，让学生了解大白菜、雪里蕻的腌制方法，了解南京民俗文化，做“食尚”南京传承人。通过这些活动使学生感知家乡的传统，感恩自然的馈赠，争做有内涵的“城市小农夫”。

模块三：设计与制作 “城市小农夫”综合实践活动课程中的设计与制作，有学生、教师、家长共同参与的田园美食坊活动，家长和教师利用实践园的食材，用充满童趣的方式指导学生制作美食，了解中国饮食文化；在童心茶吧中，结合学校的“茶文化”课程，教师指导学生学习采茶、制茶、品茶，培养学生的审美情趣，提高他们的人文素养；在丰收节里，教师鼓励学生用自己独特的方式庆祝实践园的丰收，增强校园文化的认同感、自豪感，继而让学生思考怎样将丰收的成果转化为经济效益、亲自体会卖菜经营者的不易、用经营所得帮助更多有需要的人……因此丰收节课程从此变得深刻而有意义。

2. 整合：促进学科融合的更丰富课程资源

在“城市小农夫”综合实践活动课程中，我们围绕小问题项目学习、小能手操作学习、小记录观察学习、小网咖数字学习、小展示分享学习五大学习样态来构建“春种 · 夏长 · 秋收 · 冬藏”四季田园的学习活动过程和实施路径。

小问题项目学习研究：采用自主探究的方式，以创意实践为指向，进行点状发散，围绕一个核心问题，展开与之相关的一系列研究。

小能手操作学习研究：让学生在亲身经历的过程中获取直接经验。例如，学生在“四月茶香”活动中学会采茶、了解茶文化。

小记录观察学习研究：记录事物变化的过程就是学习的过程。在种植、养殖过程中，指导学生写“种植（养殖）日记”、制作“我和绿色共成长”观测记录表。

小网咖数字学习研究：利用网络丰富的学习资源、开放的交互功能，将互联网知识与田园课程学习结合起来，解决现实中遇到的问题。

小展示分享学习研究：让实践园成为学生合作成长的精神家园。开展“我和苗苗同成长”手抄报、征文比赛，并以文化墙的形式展示交流。以“晒晒我们的丰收果”为主题，通过摄影、绘画、表演、美食制作、诗歌创作等形式展示成果。

运用与活化

面对真实情境的学习

“小农夫”系列主题综合实践活动就是为学生提供一个真实的问题场景，让学生在实践园里自己发现问题、思考问题，并在老师的引导下转换成小课题，通过头脑风暴等形式预设性地提出解决方案，进行设计实验，探究验证，得出结论。在发现—探究—创造的过程中，逐步培养学生解决问题的能力。在具体的探究活动过程中，南理工实小的老师坚持让学生经历这样一个流程：先把想出来的东西讲出来——一个分享智慧的过程，一个优势互补的过程，一个概念清晰化的过程；然后，把讲出来的东西写出来或者是画出来——一个概念细化的过程；再把写出来的东西做出来——一个具体化的过程；最后，产生新的想法。这样一个循环往复的过程，能充分调动学生手、眼、口、耳等多种器官，为学生创造综合运用各种知识的机会。

一个课程想要在学校“落地”，最好的方式就是植根于校本去开展。同在南京市玄武区的南京农业大学实验小学（以下简称“南农大实小”）背靠紫金山，校园里有一片小山坡，被师生们称作“后山”。后山位于学校后操场东边，位置偏僻，鲜有人迹。几年前，曾有学校领导提议，与其让这片山坡闲置，不如请园林工人将它开辟成一块种植区域，种植一些花卉美化校园环境。当时，学校正在开发“全经验”校本课程，邀请了一些专家进行指导。在参观校园时，学校里的后山引起了专家们的注意：“这是多么好的一个资源啊！现在的孩子们生活在城市里，很少有机会和土地打交道，何不把这里变成学生自己的种植实践基地，让学生有更多走出教室、走到蓝天下的机会，增加他们亲近自然、学习本领的契机？！”依托于此，学校基于学生在实践学习的经验体验中成长的理念，以“全经验种植”为实践学习的突破口，由学生开展种植蔬菜系列实践活动，实现从已有经验向学习新体验的进阶，给予学生全新学习方式的变革，最终使学生的能力有所提升。南农大实小的课程资源也在后山这个真实情境中得以生长，丰富着“全经验”课程内容体系（图 5–2）。

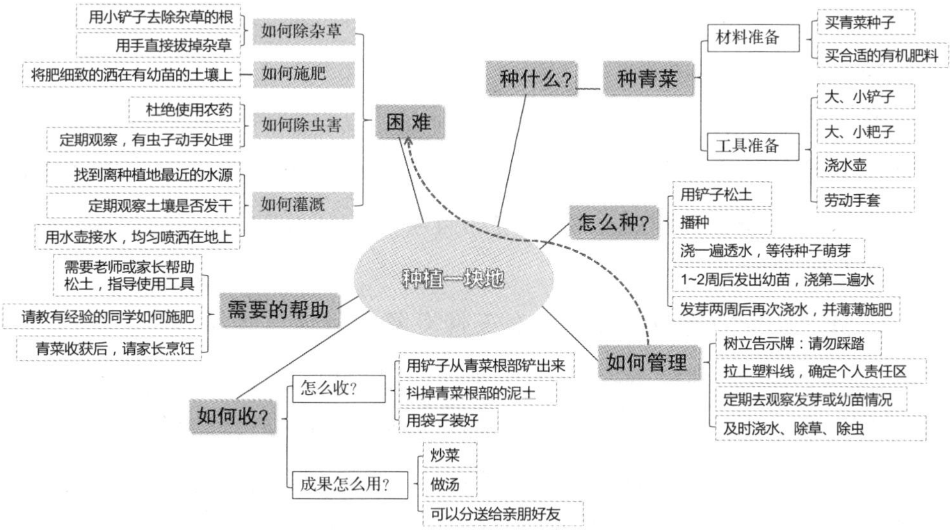

图 5–2 “种植一块地”课程内容体系

基于学科的特色田园课堂可以在实践园、后山上、池塘边、大树下发生，多样的课程资源将在实施中不断被挖掘，而推动课程整合的节日活动可以促进更多学科的融合，也让每个孩子找到自己的闪光点，用项目和活动撬动学习更真实的发生，让教师的“教”和学生的“学”从本质发生样态的转变，让学习变得更主动。

联结与管理

开启创新的“小农夫”实践园

1. 基于校本特色主张，开创实践真探索

实践精神是南理工实小办学文化和育人目标的方向和指引。儿童时期是人的主体实践精神形成的开始阶段，具有很强的参与实践活动的倾向性。对儿童而言，有体验的知识才是真的知识，有体验的美才是真的美。我们的课程开发应着力于培养、塑造每一名儿童的探索和实践精神，发挥儿童自身的创造力和想象力，让他们自主独立地发现问题，在实践中快乐体验，获得信息时代所应具备的问题解决能力，从不同角度促进其整体发展。

基于以上的思考，“小农夫”系列综合实践活动课程建设都是在积极地回应着学校的办学理念和主张，同时通过从儿童生命成长的角度去挖掘“小农夫”课程的价值，更好地培育学生的实践智慧，提升学校实践教育的办学品质。

2. 撬动学生内驱力，顺应儿童天性发展

“小农夫”系列综合实践活动课程建设以顺应儿童的天性发展，还给儿童一个丰富的、完美的童年为根本目的。小学教育阶段，儿童本应该有着丰富、快乐、健康的童年生活，可现有的学校教育把儿童固化于课本，桎梏于城市环境，缺少与自然的接触，使儿童本应该丰富、完满的童年变得干瘪、枯燥、萎靡，而学校教育应该尽可能养护好儿童好奇、纯真、质朴的个性，还给孩子们一个真实、美好的童年。

教师不仅要关注儿童在生活和发展中真正需要解决的问题，同时还应注重整合性、趣味性和挑战性，让学生在观察、研究、实践、思考中融入自然。以实践活动为根本手段，让学生深入现实生活场景、学习活动场景之中，用自己的方式、方法去感知、体验、发现，成为学习的主人、知识的主动建构者。对儿童的评价要体现包容性，通过线上线下、校内校外、家庭和班级的兼容互动，形成一个具有关联性的“小农夫”实践活动课程的学习与评价平台，采用多元评价形式，关注过程，兼顾结果。课程内容选择到课程实施与评价都应该顺应儿童发展，从儿童立场出发，才能真的激发儿童内驱力，让学习自然而然地发生。

3. 推动教师深层变革，成为课程开发者

实践园里的一草一木都是课程的资源，语文老师可以用来写作，数学老师可以用来测量，科学老师可以用来观察，美术老师可以用来写生，音乐老师可以用来吟唱，等等。真实的实践园让“教与学”样态在发生变化，问题驱动下的学习需要教师转变教学方式，走向更加多元的资源挖掘与整合，要进行更多学科核心素养培育方式的新探索。正是在面临更加多元的发展与变化中，教师不仅是课程的使用者，更是课程资源的开发者，是课程实施的调控者，是课程不断完善的开拓者。

无论是南理工实小的实践园，还是南农大实小在后山的种植活动，他们依托校园内开发的自然情境，让学生获得了动手实践、亲身体验的机会。我们只要善于利用这些课程资源，丰富的课程创意实践，一定会被不断触发。

案例提供：南京理工大学实验小学
南京农业大学实验小学
本文撰写：江苏省南京市逸仙小学　宗　慧

青青紫金山，悠悠孩童心

——江苏省南京市锁金新村第二小学紫金山生态环境主题课程资源开发案例

素有“金陵毓秀”之称的紫金山是江南四大名山之一。紫金山不仅海拔较高，山上植被和动物的种类也丰富多样，吸引了许多游客前来观光。南京市锁金新村第二小学（以下简称“锁金二小”）就坐落在紫金山脚下，学校的学生不仅喜爱山上优美的风景，对于这座山为南京市民做出的贡献，也是有目共睹。从综合实践活动的角度看，紫金山有着丰富的课程资源。因此，锁金二小的老师和孩子们智慧地活用紫金山资源，开发了综合实践活动的主题。

发现与辨识

“生态教育”走进紫金山

锁金二小背倚巍巍紫金山，面临泱泱玄武湖，闹中取静，菁菁校园在得天独厚的地理条件滋润下，如今已叶深花灿，一片文化氤氲。走进校园，鸟语花香，绿意盎然；穿过长廊，笛声清脆，书声琅琅。校园里自成一番和谐、惬意的氛围，这一切都离不开校园的“生态教育”课程。

锁金二小地处锁金村社区，周围被居民小区包围着，远离城市的喧嚣与繁华，多添了几分静谧。每年的春天，许多班级的老师和同学们会自发地准备种植盆和营养土，开展种植活动。这项活动激发了孩子们亲近自然的兴趣与欲望。学校考虑到自身环境建设与周围的资源，选择在开展“生态教育”研究与推进素质教育、深化教育改革找准结合点，突出创新点，形成以“生态教育”为特色的办学思路。

在学校“生态教育”的课程学习中，三、四年级学生在综合实践活动课上重点研究的是学校校内的生态环境。在老师的带领下，三、四年级的学生在校园内开辟出一片蔬菜园地，在种植蔬菜的活动中发现了光合作用，学会了分析、解决问题，体验了间苗、除虫，了解了植物的整个生长过程。最后，孩子们不仅收获了蔬菜，还滋养了心灵。

那么如何把五、六年级“生态教育”的视野放到校外、社区，甚至更大范围进行综合实践活动呢？正在老师和同学们一筹莫展的时候，忽然想到学校就坐落在紫金山脚下，紫金山的物种丰富多样，引来无数游客观赏，庞大的游客量也带来了一些问题，如植被的破坏、乱丢垃圾、动物种群下降等。为了更加深入了解和保护紫金山上的生态环境，与紫金山和谐相处，我们确定以“青青紫金山，悠悠孩童心”为主题开展综合实践活动。

由此，学校对紫金山课程资源的价值有了新的认识。课程资源价值体现在三个方面：一是亲近生态环境，走近紫金山，与紫金山上的动植物亲密接触，在探索紫金山生态环境的过程中学习，感受不同的学习方式；二是实践体验，在研究过程中参加丰富多样的体验活动，如制作标本、观测动植物、捡拾垃圾等，在体验互动中增加自己对紫金山生态环境的认识；三是价值认同，这是最重要的，通过实践活动认同人与自然和谐相处的重要性，呼吁社会各界保护自然生态，建设美好的生态环境。

挖掘与重组

全面规划，顶层设计

确定了活动主题和主要课程资源后，就要对紫金山的生态环境进行研究了。那么到底具体研究什么内容呢？所有资源是否都可纳入课程研究中？又有哪些资源是需要再次加工、重组的呢？我们对这些资源从价值、内容、方式等多个角度进行深入挖掘，研究它们究竟蕴含着什么重要的教育价值，争取以最佳样态将其组合呈现出来，切实促进学生的健康成长。

1. 以学生为主去挖掘

“生态教育”课程建设要在儿童喜闻乐见的活动主题中，创设愉快的教学氛围，保护学生的好奇心和求知欲，引导学生主动探究，积累生活经验，增强课程的意义和趣味性。学生喜欢什么，对哪些生态物种感兴趣？这是我们经常关注的问题。通过日常交流和调查问卷，我们把握了学生的兴趣动向。他们有的对紫金山上的动植物有着浓厚的兴趣，想要探究紫金山上有哪些动物和植物，分别是什么样的；有的对紫金山能够吸引各地游客前来游览产生了好奇心 。那么孩子所感兴趣的方面是否有研究的价值，是我们考量资源是否可以利用的标准。根据《指导纲要》，我们将以学生为主体的课程资源及活动主题用表格表示出来（表 5–1）。

表 5–1　各类课程资源与活动主题

类别	具体课程资源	活动主题
生物类资源	·紫金山上的植被 ·紫金山上的动物种类及数量	·植物种类知多少 ·动物现状大调查 ·保护虎凤蝶行动 ·植物标本制作
场馆类资源	·紫金山森林科普馆 ·紫金山天文台 ·锁金二小“生态教育”体验馆	·参观森林科普馆 ·参观紫金山天文台，观星象 ·担任“生态教育”体验馆的讲解员，为社区居民讲解生态环境的知识
人文类资源	·紫金山上的游客资源 ·紫金山上的工作人员 ·人与紫金山的关系	·“紫金山一日游”攻略制作 ·人类对紫金山带来的利与弊 ·一日环卫工人体验 ·保护紫金山行动

由表可知，根据不同的课程资源，我们可以开发不同的活动内容。但是，课程资源以及主题活动并不是独立存在的，它们之间既有区别又存在联系。

（1）生物类资源。紫金山上环境优美，鸟语花香，拥有着种类繁多的动植物。晨起，鸟儿在树林中鸣叫；午后，花儿在阳光下沐浴；傍晚，蜜蜂结束了一天的辛劳……紫金山上的一花一木，蕴含着丰富的教育价值。我们可以从动物、植物分别挖掘课程资源，紫金山的植物茂盛、动物多样，因此，针对生物多样性方面进行了主题设计。当然，活动进行过程中，还需要场馆资源及工作人员的协助。此类活动的目的并不是为了让学生掌握紫金山上究竟生活着多少生物，而是为了让他们在此过程中更加了解紫金山，通过调查活动锻炼自己的能力。

（2）场馆类资源。紫金山上不仅环境优美，还潜藏着许多具有教育意义的场馆，如紫金山森林科普馆、紫金山天文台等。学生可以借助紫金山上丰富多样、具有特色的场馆资源，进行综合实践活动。在场馆活动中，学生可以参加制作标本的体验活动，也可以通过聆听虎凤蝶的生存现状，进一步了解、认识紫金山的生态环境。

（3）人文类资源。作为南京海拔最高峰，紫金山的游客络绎不绝，有的想要征服高峰，有的向往自然环境，有的想要修身养性……他们因为不同的原因被吸引而来。人与自然想要和谐相处需要解决许多问题，紫金山也不例外。正是这些问题为孩子们提供了宝贵的课程资源。

2. 用活动方式来重组

综合实践活动课程是超越学科知识体系和技能体系界限的整合课程形态，既“适应了学生个性发展的需要，又适应了社会发展的需要”，之所以能适应两个需要，就在于它的整合性。上述课程资源并不能零散地出现在学生面前，必须把它们重组、统整起来。综合实践活动课程的重要活动方式为考察探究、社会服务、设计制作和职业体验四种。因此，我们要循着不同的活动方式，将课程资源重组。为了让读者更加清楚紫金山生态环境课程的内在逻辑，以及它是如何贴近生活、循着孩子的思路设计的，我们制作了一个紫金山生态课程树（图 5–3）。

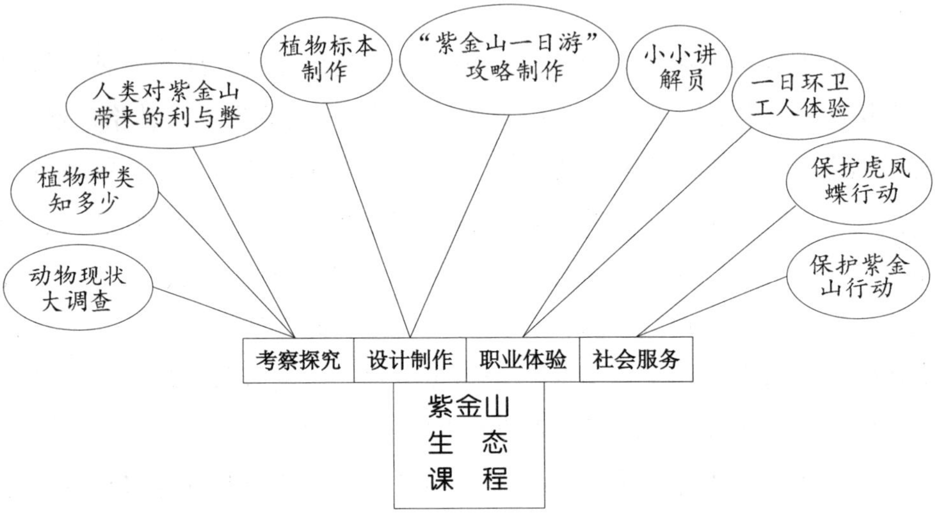

图 5–3 紫金山生态课程树

由生态课程树可知，我们从四种不同的活动方式出发，将不同的活动主题进行了整合。第一，考察探究。植物种类知多少、人类对紫金山带来的利与弊以及动物现状大调查，都需要学生制订方案或调查问卷，通过调查、访问、实地考察、查阅文献等方式去探究，教师在其中负责指导。第二，设计制作。可以通过动手制作植物标本，并将其放置在校园“生态教育”体验馆中，向前来参观的人们讲解介绍，也可以为游客制订一份紫金山游览攻略，学生要考虑到如何让游客在一天内从各方面了解紫金山。在制订攻略的同时，也增加了学生对紫金山的认识。在活动过程中，鼓励学生手脑并用，灵活掌握、融会贯通各类知识和技巧，提高学生的技术操作水平、知识迁移水平，体验工匠精神。第三，职业体验。学生可以通过担任一日环卫工人，体会环卫工人的辛劳，意识到保护环境的重要性，也可以作为小小讲解员，向社区居民介绍生态保护方面的知识，呼吁更多人加入这项活动中来。第四，社会服务。通过前面的考察探究、设计制作、职业体验活动，学生深刻认识到保护紫金山与虎凤蝶的必要性，因此通过《金陵晚报》的“虎凤蝶行动”、保护紫金山志愿者活动，号召社会各界人士行动起来，保护我们赖以生存的生态环境。

运用与活化

动态生成使课程更精彩

1. 融合的课程资源

围绕紫金山的主题活动，研究生态与人文环境之间的关系，就需要我们以主题为导向，充分开发有价值的课程资源，并且能够架起资源间沟通的桥梁。

由于个人的兴趣爱好不同，学生选择探究的领域范围比较广。为了能够让学生在活动中领略不同学科的学习带来的乐趣，我们在各组的活动设计中，既包含各学科的内容与设计，也应用到多个课程资源，甚至与其他小组从不同方面解读、共用一个课程资源。比如，在紫金山森林科普馆的参观活动，学生不仅可以了解紫金山上动植物物种的丰富多样性，还可以通过标本认识国家二级保护动物“中华虎凤蝶”，了解虎凤蝶数量濒危的原因，并且制定对策保护濒危动物。另外，科普馆中还有许多互动环节，给孩子们提供了动手的机会，可以使他们更加深入了解紫金山的生态环境。

除了紫金山森林科普馆，社区内的林业大学、校内的生态环境教育课程也都可以为学生提供帮助。这些经过精心开发的资源需要好好利用，对资源的利用本身就是对学校文化和学生生活的丰富。同样，学生也可以自己寻找一些资源，如有生态方面专业背景的家长、社区的居民、紫金山的工作人员等，都是在研究中可能接触到的。

不同来源的资源可以为课程提供更大的拓展性，资源也存在着既相互独立又互相联系的复杂关系。为了弄清这些资源之间的关系以及该如何利用，我们可以将所有经过挖掘后的资源整合起来，并按照综合实践活动的四种活动方式进行分类。如：社区内的林业大学资源可以为考察探究、制作和体验活动提供帮助，紫金山森林科普馆可以为学生提供考察探究及社会服务方面的帮助，等等。

2. 跳跃的创意主题

紫金山生态环境课程是动态的，随着孩子们的研究进程在不断变化，不可避免地会出现各种问题，这时就需要教师做一个循循善诱的引导者。出现问题是正常的，学生的创意往往就发生在问题中间。能在学生思考问题的时候创建一个新的主题，或许更有价值。教师与学生要在新形势下随机应变，在此过程中发展研究能力，丰富我们的课程内容与学生的经历。

例如，学生通过实地考察紫金山的生态现状、参观紫金山森林科普馆后，发现紫金山的许多动物数量在逐渐下降。尽管政府已经采取措施保护濒危动物，但是孩子们自发地想要为保护国家二级保护动物“中华虎凤蝶”贡献一份力量。他们通过林业大学的渠道得知在《金陵晚报》上有保护虎凤蝶的行动，便自发报名参加了此项活动，与志愿者们一起来到紫金山捡起一片片垃圾，不放过任何角落。孩子们通过这项自发志愿活动，不仅践行了虎凤蝶行动“捡起每片垃圾，让紫金山畅快呼吸”的活动誓言，也增强了大家的环保意识和公益热情，丰富了课程内容，并使其更有意义。

3. 丰富的实践场景

调查、采访与分析活动，能够让学生充分认识、了解紫金山的生态环境现状。在活动的过程中更要倡导亲身体验的学习方法，引导学生对自己感兴趣的课题进行持续、深入的探究，防止浅尝辄止。在一次次引导学生开展丰富多彩的实践活动和一次次成功体验中，学生的独立实践能力得到提高，创新精神得以提升，主人翁意识和自主探究的信心得到增强。

研究紫金山植物现状的小组在采访过程中向专家学习植物标本的制作方法，并亲自动手制作标本。在课堂上，研究小组还向同学们介绍自己学到的植物名称、结构特点与习性等知识，把所学所得分享给更多人。此外，研究紫金山与人类关系的小组参加了“虎凤蝶行动”。研究紫金山动物现状的小组参与了蝴蝶标本制作的体验活动，标本不仅可用于课堂介绍，还可以保存在校园的“生态教育”体验馆中供更多人观赏、学习。同时，因为标本对于保存濒危动物的遗传信息有着重要意义，所以掌握标本的制作方法，也是“生态教育”课程要求的一项技能。

联结与管理

升华人与自然和谐相处主题

1. 整体规划：融入校本课程

锁金二小校本课程提出：“要率先树立生态文明观念，懂得人与自然和谐相处的科学道理。”我们依据这个目标开展了丰富多彩的生态环境教育活动，如在社区举办垃圾分类小讲堂、开展家庭生态教育活动、开展生态节等。多种多样的活动最终目标都是为了树立生态文明观念，懂得人与自然和谐相处的科学道理。同样，紫金山生态环境研究的目标是希望通过此次综合实践活动，引导学生意识到保护环境要从身边做起、爱护紫金山要从自身做起，从小树立保护生态环境的意识。也就是说，与校本课程的理念相呼应，将综合实践活动课程融入了校本课程。

2. 生成创新：创设内容联结

紫金山生态环境的探究活动与其他的生态课程内容并不是相互独立的。探究“人文”内容的小组，通过实地采访、考察等方法，发现登紫金山的人越来越多，这就产生了许多生活垃圾，紫金山上的垃圾桶设计不够合理，人们做不到将垃圾分类投入垃圾桶中。于是就有同学建议设计一种更加美观、合理的分类垃圾桶，这也就成为下一个综合实践活动的主题。举办垃圾分类小讲堂就是在找到解决办法后采取的行动，呼吁大家垃圾分类处理，共同保护我们的环境。

3. 充分应用：注重价值升华

学校的一些教师意识到“生态教育”不能只停留在表面、口头上，而应该人人参与、层层落实，通过实实在在的“生态教育”实现学生、教师、学校的可持续发展。目前，锁金二小的“生态教育”已经实现了主要领导分管、综合实践活动教师团队具体负责、其他部门协同配合，教师人人承担任务、学生人人参与活动的局面。一个绿色健康、保护环境的生态氛围已经在锁金二小形成，成为学校个性化发展的主题。那么究竟如何营造生态氛围呢？

首先，除了每周一节的综合实践活动课上会开展生态研究的活动，每月的最后一天也定为“生态日”，让学生可以有充足的时间去开展活动；其次，结合“6·5”世界环境日、“4·22”世界地球日、“3·22”世界水日、“6·25”全国土地日等纪念日，制订“生态教育”实践活动序列安排，开展丰富多彩的生态宣传教育活动；再次，与少先队活动结合，开展参观“生态教育”体验馆、生态节、走进社区进行宣传等实践活动；最后，拓宽德育途径，与家长、友好学校、实践基地携手，共同营造“生态教育”的氛围。当孩子不只是在课堂、活动中去谈生态、做研究，而是每时每刻都跳动着一颗爱护生态环境、保护自然的心时，校园里就流淌着绿色生态的声音，绽放着绿色灵动的生命光彩！

课程资源的开发，背后凝聚着许多人的努力。要想创建一个具有校本特色的综合实践活动，需要先组建一支团结有力的教师队伍。锁金二小结合校园情况，与紫金山携手开发了紫金山生态环境的综合实践活动课程，积极响应国家的生态文明建设号召。那么，其他学校也可以根据校园环境开发属于自己的特色课程。一片湖泊，一条街道，甚至校园里的一片农场，都可以成为丰富多样的课程资源。

我们要从多方面考虑资源的使用，是否能够融合多学科内容，是否能够锻炼学生的研究能力，是否能够蕴含切合主题、具有价值的意义。最重要的是，无论建设什么样的课程，都要从儿童出发，判断这些活动是否有意义的标准便是能否促进儿童的综合素质发展。我相信，不忘初心，终有成效。

案例提供：江苏省南京市锁金新村第二小学
本文撰写：江苏省南京市逸仙小学　许继玲

解读岩层密码

——江苏省南京市汤山化石资源主题活动的课程资源开发案例

南京市汤山地区有着得天独厚的地质环境，周边山上的岩层中有许多古生物化石。神秘的古生物化石蕴藏着生物演化的秘密，对学生有着极大的吸引力。基于南京汤山的化石资源，我们可以深入挖掘、整合出一系列的综合实践活动。以化石研究为主题，学生可以进行职业体验、考察探究、设计制作、社会服务四个方式的综合实践活动，如研究化石的形成过程、探索岩石的分类、体验古生物学家的化石挖掘工作、解读岩层密码、追寻古生物的遗迹……在这样一系列的活动中，使学生的综合素质得到提升，核心素养得到发展，团队合作意识得到增强，创新精神和实践能力得到提高。

发现与辨识

南京汤山的化石资源

汤山是南京东郊的一座小镇，这里不仅风景迷人，地质环境也是得天独厚，有着南京“地质历史长廊”的美誉。独特的地质风貌，清晰而又明显的地层结构，从古生代到中生代的漫长演化保留下来的完整的自然遗产——化石，每一件都记叙了过去的历史，见证了南京地区2亿多年来沧海桑田的地质变迁。在这里，不仅先后发现了距今60万年的“南京猿人”头盖骨化石和一枚直立人牙齿化石，而且山上的岩层中还有着丰富的古生物化石。汤山这里丰富的化石资源正好可以成为学生研究的实践场。从“化石”入手，可以开展的研究太多了，“解读岩层密码”主题综合实践活动应运而生，让学生在体验、探究、制作中获得成长。

体验：在汤山化石基地，学生可以体验考古学家的工作，去挖掘化石，与化石亲密接触，同时还能感受考古学家艰苦的工作环境以及认真严谨的工作态度。

探究：想要挖掘到化石可不能全靠碰运气，化石多形成于沉积岩中，怎么分辨岩石的种类也就成为学生关注的话题。比如，所有的生物都能形成化石吗？究竟化石是怎样形成的？这一片片岩层、一块块化石里的古生物是什么？它告诉我们关于南京市汤山地区地质变化的什么秘密？……随之而来的问题驱使学生不断深入研究。

制作：在小组研究后，学生可以制作图画、视频、标本、模型等向同伴展示研究成果。

挖掘与重组

从“化石”资源走向“化石”课程

综合实践活动是一门培养学生综合素质的跨学科实践性课程，需要打破学科界限，当然也希望多学科的教师都能参与进来。“一千个人眼中就有一千个哈姆雷特”，那不同学科教师眼中的“化石”可以成为什么样的课程资源呢？

1. 运用多学科视角，挖掘课程资源

部编小学语文课文中与化石有关的课文有三篇，分别为《最大的“书”》《琥珀》《飞向蓝天的恐龙》，它们都是科普类文章。在此基础上，语文教师还可以拓展一些相关的阅读，让学生理解文章，提取关键信息，了解化石的成因、化石的种类等。除此之外，还可以让学生以记叙文的形式描写化石挖掘的过程或化石的样子；在赏析张锋的诗歌《化石吟》后，模仿着写一首关于化石的诗歌。

苏少版美术课本中有一课是《远古的动物朋友》，正好可以结合教材，组织学生对采集到的化石中的古生物进行绘制，或用超轻黏土进行制作，并在查阅资料的基础上还原古生物的生存场景。

苏教版科学课本中《进化》单元围绕化石展开了一系列的研究。教师可以组织学生进行实地挖掘，围绕挖掘到的化石开展小课题研究，还可以模拟体验化石复原和制作印记化石模型。

信息教师可以组织学生进行“化石”专题的电子小报或演示文档的制作，用于最后的交流汇报。有条件的学校还可以让学生借助 3D 打印技术打印化石模型或古生物模型。

2. 打破学科界限，按活动类型进行整合

零散的课程资源需要经过系统的整合才能转变为课程。我们可以按照活动的类型将活动进行分类和整合，最终形成学习地图（图 5–4）。

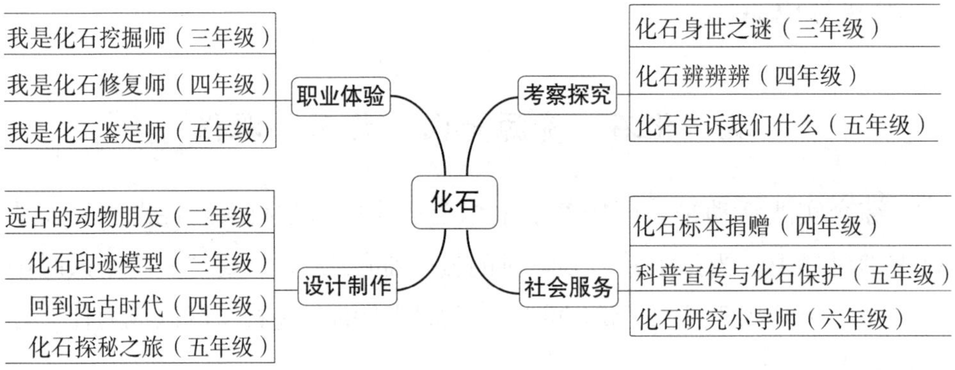

图 5–4 “化石”主题课程学习地图

教育部颁布的《指导纲要》中指出综合实践活动的主要方式有考察探究、社会服务、设计制作、职业体验。依托这四种方式，我们将零散的课程资源和活动整合成了一系列“化石”主题课程，并根据学生的年龄特点安排了不同的活动内容。

在职业体验板块中，学生将体验考古学家的日常工作，体验考古学家的职业角色。三年级学生以趣味性的体验为主，在教师的指导下去汤山进行化石挖掘工作；四年级学生可以体验相对烦琐的化石修复工作，对化石标本模型进行清理和复原；五年级学生可以与三年级学生组成学习小组，通过查阅资料，帮助他们初步鉴别化石的种类和名称。

在考察探究板块中，三年级学生可以结合挖掘工作展开“化石身世之谜”的研究，了解化石形成的过程；四年级学生可以进行“岩石辨辨辨”的研究，了解什么样的岩石里容易发现化石，并在汤山进行实地考察，他们考察的结果可以为三年级学生的化石挖掘工作服务，确保挖掘工作的顺利展开；五年级的学生已具备一定自主研究的能力，可以根据自己的兴趣对化石展开更深入的研究，如不同地层中发现的化石有没有规律、化石还能为我们提供哪些信息……

在设计与制作板块中，二年级学生可以尝试制作化石印迹模型；三年级学生可以结合美术课的教学内容进行“远古的动物朋友”的绘画创作或制作泥塑作品；四年级学生可以利用超轻黏土等材料还原远古时代的场景；五年级学生可以拍摄一个《化石探秘之旅》的微视频。最后，还可以通过网络平台进行推送，评选优秀作品，并在全校范围内举行一个“化石”主题的交流会，进行优秀作品的展示和介绍。

在社会服务板块中，四年级学生将自己以前挖掘到的化石捐赠给汤山地区的“乡村青少年化石科普体验馆——湖山化石馆”，供更多人参观、研究；五年级学生可以结合自己对化石的一系列研究，利用“雏鹰假日小队”活动开展“化石”主题的科普活动，展示物创作品，进行化石保护的宣传；六年级学生在经过了几年的研究后，已经成了化石研究的“小专家”，可以化身校园志愿者，对低年级学生的化石研究活动进行指导和帮助。

运用与活化

且行且思：于实践中不断丰富课程内涵

在充分挖掘课程资源，将零散的课程资源整合起来后，我们还需要在实践中不断丰富课程内容，根据学生的兴趣和能力适当调整课程架构，时刻将学生立于课程中央。

1. 关注学生生成，及时内化融合

学生是课程的主体，他们在实践课程的同时也在创造着课程，这一点我们不能忽视。要充分发挥学生主体的能动性和积极性，关注学生在课堂中生成的“精彩”，并加以引导。

在进行考古学家的职业体验活动时，学生遇到了很多困难，他们原先准备的工具是小铲子，可在实际挖掘活动中，发现铲子并不能很好地满足工作需求。到哪儿挖化石也是一个问题，很多学生都是盲目地挖，东挖挖，西挖挖，全凭运气，挖一会儿累了，没挖到，就想要放弃，失去了兴趣。挖掘活动结束后，学生在老师的组织下进行了反思，比如在正式挖掘前应当做好充足的准备，制订一个研究计划：研究的内容包括化石挖掘的常用工具、化石挖掘的方法、在什么样的岩石中容易找到化石等。有了失败的教训，学生才愈发意识到“有备而来”的重要性。此外，还可以在挖掘活动之前和学生充分讨论需要做的准备，再让学生自己去搜集相关的资料，做好考察前的准备工作。

学生挖到化石都特别兴奋，迫不及待地想跟同伴分享。他们最多的问题就是：“我这块是不是化石啊？”“这是什么化石啊？”学生自然而然地就形成了学习需求，内在动机也比较强烈。抓住这个契机，教师应当鼓励学生拿着自己挖到的化石回去进一步地研究，寻找证据，试着进行鉴别，并为挖到的化石建立小档案。有了新的任务驱动，学生的研究就又要往深入走了。他们可能需要对化石的种类进行研究，并与自己挖到的化石进行比对，为了确定自己挖到的是什么生物的化石，他们还要搜集一些常见的古生物图片。各种各样的化石中隐藏着地球变迁的奥秘，根据全体同学采集到的化石，能不能初步预测南京市汤山地区在历史上的地表变迁情况呢？

在活动中，教师要敏锐地抓住生成的问题，对于普遍存在的问题或发现的好的做法，要及时将其内化，纳入课程中来，使课程更加丰富，更加贴近儿童。

2. 把握教育契机，提升课程价值

教育的契机无处不在，关键在于你能否抓住课程中的这些机遇，充分发挥课程在德育、智育、美育等方面的功能，进一步挖掘、提升课程价值。在化石挖掘的过程中，许多学生挖了一段时间没有收获，就半途而废，不能坚持到最后。这时教师就要引导学生学会挖掘课程深层次的价值，使学生在研究活动中培养严谨踏实的品质，锻炼坚持不懈的意志，这会成为他们终身受益的财富。

有一些学生挖到化石后会很激动地将它与金钱挂钩，这时教师就要正确引导他们看待化石的价值：化石的价值不在于私人占有或是获取钱财，更重要的意义是帮助我们进行科学研究，通过化石我们可以了解地球上古老的生命，探索生命的演化过程，推测当地地质变迁的历史……例如，南京的几名环保志愿者无偿捐出了自己收藏的化石标本，筹建了“乡村青少年化石科普体验馆——湖山化石馆”，免费向大家进行展出和科普。教师可以借助这一事例，发挥榜样的力量，教育学生正确看待化石的价值，学习这些志愿者的无私奉献、心怀公益和大爱精神。甚至可以效仿这些志愿者，将挖到的化石在学校里进行展览，并向其他同学科普化石的相关知识。“化石交流会”的形式也可以由学生自己选择，比如诗歌、日记、绘画、模型展示……学生在这样的交流展示中不仅锻炼了自身的问题解决能力、小组合作能力，还能培养其社会责任感。

3. 落实多元评价，及时总结升华

评价不仅仅需要应用于知识体系严密的分科教学中，在综合实践活动课中也具有同样重要的意义。小学生存在注意力持续时间短的问题，而整个“化石”研究活动的时间持续比较长，要让他们长期专注于这样一个实践活动、保持热情是很困难的。如何保证学生对课程有持续性的关注，教师需要在每个阶段进行任务的聚焦，及时对学生的活动进行阶段性的评价和反馈。评价的内容应聚焦于学生的学习与创造能力、问题解决能力、合作交流能力等核心要素上，具体体现在学生在实践活动中探究兴趣的激发和维持、是否能提出有价值的问题并形成合理解决方案、能否与同伴合作进行探究等。

评价的方式应当多样化，可以举办“化石交流会”，展示学生采集的化石标本、进行化石研究汇报、撰写化石研究日记等，也可以运用评价表（见表 5–2）、档案袋等形式进行综合评定。我们主张评价的角色多元化，评价人可以是自己、同伴、教师或者家长……为了体现学生的主体地位，在过程性评价中我们更多的是采取学生自评和小组互评的多元评价模式，最后再将教师、家长的描述性评定与学生自我反思或互评结果进行整合。

表 5–2　化石研究活动评价表

姓名：　　　　组号：

项目名称	自评	备注	小组评	备注
前期研究				
化石挖掘与修复				
后期课题研究				
交流展示				
教师（或家长）评语				

注：用 1—5 颗星进行评价。相关材料另附。

联结与管理

创建“化石研究活动”的大格局

1. 根植校本文化，增强课程活力

如果能将“化石”课程植根于校本课程之中，形成校园文化的一部分，则更能保障课程长期、高效地实施。比如，可以结合学校的“节日活动”主题课程，将“化石”主题课程最后的交流展示部分纳入学校的科技节、儿童节等，作为张扬学生生命活力，记录学生成长点滴的成果汇报；也可以践行学校对课堂教学改革的主张，将学校的校本课程理念融入“化石”主题课程中去。比如南京市洪武北路小学主张“任务导向”责任课堂的教学理念，那在学校实施这一课程时，就可以充分发挥“任务导向”的优势，在课程中以一个个的任务环、任务块驱动学生进行研究性学习。

2. 调动多方力量，发挥团队优势

独木不成林，一个人的力量和影响力总是有限的。为了课程能够有效推进，要充分挖掘科教企业、科普场馆和家长资源，建立多维教育共同体。一些科教企业的游学活动，就是带领学生去汤山挖掘化石，我们可以将相关活动课程化，并优化现有的课程。汤山还有一些与古生物或地质相关的科普场馆，如南京直立人化石遗址公园、汤山方山国家地质公园博物馆、湖山化石馆等，都可以作为学生课外实践活动的场馆资源。场馆里还有专门从事相关领域研究的工作人员，可以为学生进行科普讲座，帮助学生辨别化石种类及名称。有一些家长从事古生物领域或地质领域的相关工作，他们也可以协助教师，为学生提供更专业的指导。

当然，教师还是课程开发和实施的主要力量。在课程实施之初，我们没有教材，没有经验可循，没有模式供参考，只能是摸着石头过河。

我们急需组建一支专业的教师团队来实施这一课程，但却面临着多数教师是兼任综合实践活动课程教学的这一矛盾。因此，将课程实施的教师召集起来，一同研讨，进行培训，就显得尤为重要。

3. 突出主体地位，提升核心素养

我们主张把学生放在综合实践活动课程建设的中央，处理好学生自主实践与教师有效指导之间的关系。教师既不能“教”综合实践活动，也不能推卸指导的责任，而应当成为学生活动的组织者、参与者和促进者，将教师的指导贯穿于综合实践活动实施的全过程。

学习问题或是任务的提出应是有学生参与其中的，而不是教师直接给定的。如在“化石”主题课程中，教师带领学生去挖掘化石，这个任务的提出来源于学生的兴趣。在挖掘过程中，学生会遇到一些困难，也会不断生成各种各样的问题。在接下来对问题的剖析和分解过程中，教师也只是一个组织者的角色，切不可心急，跳出来帮学生扫平障碍，而应引导他们自己选择解决问题的办法。解决问题的办法可以由全班共同讨论得出，然后再以小组的方式合作进行研究，锻炼学生沟通交流的能力，以及解决复杂问题的能力，实现课程的育人目标，提升学生的核心素养。

在我们的身边有很多自然事物，小到一朵花、一棵树，大到一条河、一座山，只要用心挖掘，都会成为宝贵的课程资源。因地制宜，选取身边那些学生感兴趣的自然事物，从一个“点”出发，运用多学科视角，挖掘课程资源，连点成线；打破学科界限，按照综合实践活动课程的活动类型进行整合，变线为面，绘制出初步的课程蓝图。将课程付诸实践后，教师应敏锐地抓住课程实施过程中生成的研究视角和教育契机，不断丰富课程的内涵，提升课程的价值。

本文撰写：江苏省南京市洪武北路小学　郑　慧

长江大保护，我是“小河长”

——江苏省江阴市要塞实验小学的守望“母亲河”综合实践活动课程资源开发案例

江阴市濒临长江，全境有干、支河流550余条。市内地表水丰富，外来水源充足，河港纵横交错，河流密布。江阴市相关单位早已为保障全城水系的生态与安全采取了措施。对于同是江阴市民的小学生来说，能不能为家乡的“母亲河”做些贡献呢？到底如何做才是有意义、有效果的呢？如何以城区河流为依托开发适合小学生的项目化内容并进行研究，仍需不断探索。

发现与辨识

捕捉社会热点，寻找课程核心特色

江阴市要塞实验小学地处江阴城区滨江带，距离校园7千米就是我国的“母亲河”——长江。江阴市地处江尾海头，长江咽喉，历代为江防要塞，是大江南北的重要交通枢纽和江海联运的天然良港城市。依江而建、依水而兴，长江无锡段35千米岸线都在江阴市。保护长江，江阴责无旁贷。

早在2016年国家就强调，要把修复长江生态环境摆在压倒性的位置，共抓大保护。江阴市要塞实验小学敏锐地捕捉到这一社会热点问题。推动长江大保护既是一场攻坚战，也是一场持久战，需要我们每一个人践行好“绿水青山就是金山银山”的理念，以“功成不必在我”的境界和“功成必定有我”的担当，守护好长江“母亲河”。即使身为小学生，也是江阴市民的一分子，也要关注社会，积极维护生态建设，争做“小河长”，写好属于我们的长江大保护故事。

水是我们平时生活中必不可少的资源，可是现在经常有报道说，某些地方水污染严重。这一切都得“归功”于我们人类的浪费及破坏。那自己的家乡，生活之地的水源情况又是怎样呢?

综合考虑学校地理位置与社会资源等因素，确立了以“长江大保护，我是‘小河长’”为主题的综合实践活动课程资源建构，主题指导思想围绕以下几点：一是与德育相结合。主题实践活动以“立德树人”为核心，以“在实践中锻炼、在活动中成长”为主要育人方式，学生从环保、自然和自身生活中选择和确定科学考察对象，进行主题探究，促进环保理念的渗透和践行，从而增强探究创新意识、提升与人合作能力。二是与学科教学融合。主题实践活动与苏教版小学语文五年级课文《水》紧密结合，与数学教学中的数据积累、数据分析、统筹方法，信息教学中的网络资源查找与利用，科学教学中的探究实验操作等相结合，做到学以致用，能使活动达到事半功倍的效果。三是与创新实践结合。环保是国家大计，因此在主题活动中引导学生将环保意识和环保行为落实在日常生活中，让孩子善于发现问题、解决问题，鼓励学生展开想象、大胆创新，尝试设计与制作出环保创意作品是提升本次主题活动成效的关键。四是与课程改革结合。近年来，将项目式学习融入综合实践活动课程，作为解决问题的一种方式，培养学生解决问题的能力，包括如何获取知识、如何计划项目以及控制项目的实施、如何加强小组沟通和合作等。我们认为主题实践活动以学校开发的校本课程为轴心，在活动中逐渐完善课程体系，形成社团环保课程。二者相辅相成，互相促进。这样通过以点带面、分层推进、形成系列的方法，是推进综合实践活动课程资源整合与应用的良好手段。

挖掘与重组

整合各方资源，规划层级递进式设计

综合实践活动课程具有综合性、实践性、内容丰富性、学习地点及时间开放性等特点，属于非系统教学。倘若课程内容“零敲碎打”，已经不能适应学校教育发展，这就需要学校自上而下地对活动进行规划与设计，作为活动的纲领性意见，类似于工程问题的顶层设计。学校层面的顶层设计要求从学校的办学理念出发，从周边的资源环境中找寻最贴合办学特色、适合本校实际的切入点，整合学校部分活动，进行有层次的梯队活动设计。活动不在于多，而在于可实践，有全局观、创新点、节奏感、发展观、敏锐性。

1. 整合地理资源，发现问题

长江江阴段西起老桃花港，东至长山陆家庄，全长 35 千米。江阴境内区域性河道主要有新沟河、锡澄运河、白屈港河与张家港河 4 条通江引排河道，以及若干条城区河流。江阴市要塞小学位于江阴城东部，距离长江仅有 5 千米，距离学校 3 千米便开始分布各条支流。

这些通江引排河流将直接影响长江的水质以及包括江阴市在内的长江中下游人民的健康。江阴市 24 条河网骨架中，有 13 条是南北纵向引排河道。综合考虑河流地理位置、河道特征、河道规模以及河道的重要程度等因素，筛选出 10 条适合小学生外出考察的河流，分别是新夏港河、白屈港河、石牌港河、锡澄运河、张家港河、桃花港河、黄山港河、利港河、新沟河、申港河。

2. 整合学科资源，助长迁移

小学综合实践活动课作为一种涵盖面广、知识扩充量大的课程，与其他的学科具有密不可分的联系。如果能够有效地整合多种学科，将不同的学科资源优势汇集到一起，那么该课程将对学生知识迁移、学习成果的巩固产生良好的效果。

在苏教版五年级语文课文《水》中，就是通过具体的语言文字描写，让学生感受水的美与珍贵，激发珍惜水资源的情感，在科学教材中也有关于水的专题单元。综合实践活动中一些专题性研究活动，需要按照“发现并提出问题—初步的研究思路—设计研究方案—开展实验研究（或调查）—数据和信息的收集—分析处理—做出解释—解决问题”这一研究过程进行，从而保证活动过程的科学性和活动成果的可靠性。各部分数据的整理及制作图表分析就需要借助数学的统计方法，资料的检索与分享就对学生的信息技术提出了要求。因此，这项活动需要融合多个学科，在实际问题情境中进行知识迁移与应用。

通过整合学科资源，学生基于情境解决问题的能力得到了进一步的提升，知识迁移的能力也得到了增强。

3. 整合社会资源，立体联动

综合实践活动中，河流的水质考察环节专业性要求极高。为了使教学的公信力和可靠性更加有保障，学校开始关注并寻求社会组织的帮助。江阴香樟志愿服务站在江阴市公益领域占有一席之地，学校关注到其服务宗旨之一就是保护环境，还开展过“河流守望”这一环保项目，正好能为“长江大保护，我是‘小河长’”活动提供专业的技术支撑与志愿者帮助。除了民间组织，学校还寻求了江阴市环保局和江阴市教育局提供的活动指导和支持（图 5-5）。

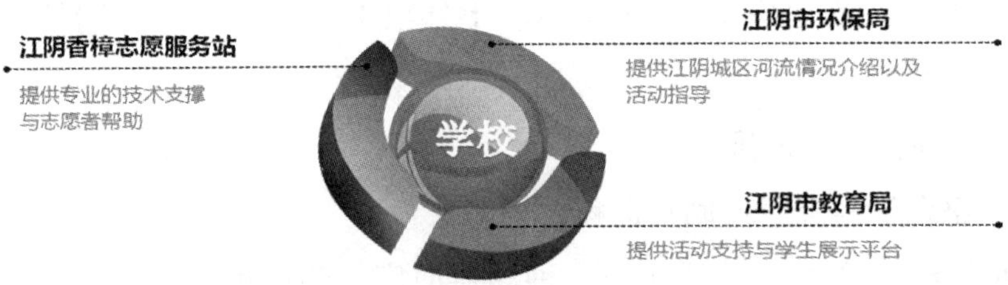

图 5-5　整合民间组织与政府部门多方资源

这些社会志愿者从事不同于教师的各种职业，具备优秀的专业特长，能够发挥知识迁移的良好作用。整合社会资源，促进立体联动，对小学综合实践活动课程的教学意义重大。

4. 整合信息资源，深化内涵

江阴市水系的规划整治不仅仅是工程技术的问题，更是一种文化与社会管理的问题，除了所涉及的相关部门以外，需要全社会的共同遵守与实施。因此，应该加强宣传引导，形成全民共识，凝聚全社会的力量一同保护“母亲河”。

在校内开展“节约用水进校园”活动，让学生作为“节水宣讲员”派到各个班级分享、交流考察研究结果。除了影响周围师生，还应该将影响力辐射至社会，邀请一些媒体组织进行宣传与呼吁，如联系江阴电视台与沪江网 CCTalk 进行联合报道等。

整合信息资源不仅对营造良好的学习氛围具有重要的作用，而且对激发学生学习的热情、促进小学综合实践活动课程教学的进步也具有巨大的作用。

运用与活化

多维度整理知识，呈现思维进阶过程

开发和利用综合实践活动课程资源，需要教师以学生熟悉的知识为基础，用生活实例来设计问题，给学生充分的发挥空间。生活中处处有教育的资源，关键是教师是否善于结合教学内容，去捕捉“生活现象”，采集生活实例，为教学服务。如今的学生接收信息的渠道非常广，教师可以就地取材，以学生熟悉的当前热点为背景材料来设计问题，如江阴市正进行的长江大保护。

与传统的学科课程不同，综合实践活动课程没有固定的教材和教学

内容，师生个人的知识结构与知识量始终处于动态发展的状态，多呈现情境性、个人性、隐性的特征，既不利于课程的建设，也不利于国家的管理。为了解决此类问题，使学科知识显性化和稳态化，在开发资源、进行综合实践活动课程建设时，亟待进行知识管理。综合实践活动课程知识的载体主要是人、文档、网络信息资源等，要想成功整理出知识的载体、内容和情境，关键是使课程实施者所产生的隐性知识显性化。显性化不仅仅是一种结果，更是“把一种表征形式或一种代码储存的信息重新编码为另一种”的过程，因此需要采取记、画、理、写、说这些整理活动，并进行多维度、多手段、多形式的整理。

1. 记——对知识情境的整理

“记”是对综合实践活动课程中所获得的知识，特别是隐性知识的最初整理，可能是最粗糙的、最本真的，这是后续其他知识整理活动能顺利进行的基础。在“长江大保护，我是‘小河长’”课程中包括以下记录：

（1）查阅资料，记录公共知识。当得知要开展“长江大保护，我是‘小河长’”活动时，孩子们兴奋异常，本能地问出了迫切想得到答案的问题链:“什么叫‘小河长’？”“我们的水质怎么了？”“怎么判断水质的好坏？”“作为小学生可以怎么做呢？”……孩子们根据已有认知经验，甄别自己知识与技能的不足，自主查阅资料并记录有关水循环、水质监测的内容，以个性化记录的方式进行交流，如小报制作、思维导图等。

（2）聆听专家讲座，记录专业知识。邀请共建单位香樟树志愿服务站的资深环保宣讲员为孩子们做环保讲座。通过互动提问，孩子们不仅了解了垃圾分类、废纸利用、大气污染、水质变化等相关环保知识，还学习到如何检测水质的专业技能，为后面的实地考察提供技术支撑。

（3）实地探究，记录调查数据。综合考虑江阴市各支流的可检测性、地理位置与安全性，选择了其中 10 条主要支流进行考察（表 5–3）。在每周五的社团课组织学生前往 1—2 条河流进行考察。

表 5-3　江阴市河流水质监测计划表

周次	内容安排	周次	内容安排
第二周	环保知识讲座	第九周	桃花港河
第三周	新夏港河	第十周	新夏港河新闻报道
第四周	白屈港河	第十一周	黄山港河
第六周	石牌港河	第十二周	班级内宣讲
第六周	锡澄运河	第十三周	利港河
第七周	张家港河	第十四周	新沟河
第八周	期中阶段小结	第十五周	申港河
		第十六周	“小河长”活动阶段总结分享
预设 期中目标	1. 初步掌握水质检测的基本方法，学会小组合作完成检测任务。 2. 通过实地考察了解江阴市周边 5 条河流的水质情况并做相应记录。	预设 期末目标	1. 通过动手检测、记录、观察与思考，形成江阴市 10 条河流水质检测分析表。 2. 能在学校、社区、网络上进行“长江大保护，我是‘小河长’”宣讲，呼吁大家保护水资源，从我做起。

在志愿者的专业指导下，孩子们先观察河流及周边环境并简单描述与记录，接着分组取水样分别对水的酸碱度、溶解氧含量、化学需氧量、氨氮量以及总磷量进行检测（图 5-6）。考察不同河流，各小组轮换检测项目，借此让孩子们学习并掌握各项检测方法。

江阴公众河长简单河道观察表（香樟树）

河道名称	新夏港河	日期	9/21	水温	
观察类别	观察指标	简单描述	打分	满分	备注
水质感官辨识	河水清澈程度	河水很脏	20	100	
	水体气味	很臭	40		
	水体颜色	淡绿	50		
河道环境表达	河菌、生态浮岛周围漂浮物	有	90		
	河道周边垃圾	有	50		
	河岸绿化养护	可以	90		
检测类别	检测指标	检测值（mg/L）		标准值	备注
水质简易检测	酸碱度（pH 值）	7			
	溶解氧（DO）	3.0			
	化学需氧量（COD）	0			
	氨氮（NH_3-N）	1.2			
	总磷（TP）	0.1			
河长					

图 5-6　某学生观察新夏港河记录表

2. 画——用图表整理隐性知识

“画”既是动词也是名词。当动词用时，指向过程，即把显性或隐性的内容画出来，增强其可视性与形象性。在这里主要作为名词使用，指向成果，是综合实践活动课程中常见的图画或表格。通过将 10 条河流各方面数据进行系统的分类，最后在一张表格中呈现（表 5–4），将大大有利于调查者分析判断。

表 5–4 江阴市河流水质监测结果统计表

		新夏港河		白屈港河		石牌港河		张家港河		黄山港河	
观察类别	观察指标	简单描述	打分	简单描述	打分	简单描述	打分	简单描述	打分	简单描述	打分
水质感官辨认	河水清澈程度	较浑浊	40	较浑浊	50	较浑浊	70	较清澈	80	较清澈	80
	水体气味	较臭	20	较臭	50	较臭	50	有异味	60	略微臭味	80
	水体颜色	发黄的绿	60	黄	50	微黄	70	微绿	80	微绿	90
河道环境表达	河菌、生态浮岛周围漂浮物	落叶	80	落叶菜叶	60	落叶	80	落叶菜叶	60	落叶菜叶	60
	河道周边垃圾	生活垃圾	20	包装袋	70	包装袋	70	生活垃圾	20	烟头	70
	河岸绿化养护	一般	50	较差	30	较好	70	较差	30	较好	80
检测类别	检测指标	检测值(mg/L)		检测值(mg/L)		检测值(mg/L)		检测值(mg/L)		检测值(mg/L)	
水质简易检测	酸碱度（pH 值 6 ~ 9）	7		—		—		—		—	
	溶解氧（DO ≥ 7.5）	3.0		3.0		4.0		3.0		3.0	
	化学需氧量（COD ≤ 15）	0		30		0		15		10	
	氨氮（NH_3–N≤0.15）	1.2		0.9		0.9		0.6		0.2	
	总磷（TP ≤ 0.02）	0.1		0.1		0.03		0.06		0.03	

注：上述水质检测对照参数为国家地表水 I 类标准。

3. 理——对知识内容信息的整理

“理”指的是整理与分析。通过对各河流地理位置、作用、河流样态、河道环境及水质检测结果进行综合分析与讨论，最终发现大多数河流都承担着通江引水的作用，可是部分河流还存在着较大的水质隐患，需要引起社会的广泛关注。

4. 写——有意义地将公共知识转化为个人知识

“写”指写作，是用来整理“记”与“画”的内容。相比较而言，“记”被动、机械，“写”有创意、更深刻；“记”是一种简单劳动，“写”是一种复杂劳动。“写”是对个人知识或隐性知识的再加工，因此“写”不仅仅是知识表达工具，更应成为知识整理工具。在每次外出考察后，孩子们都会写下自己的“巡河日志”，写出收获，抒发所思所想，在此过程中将知识内化。

“小河长”的巡河日志

江阴市要塞实验小学 六（7）班 王禹洪

灿烂的阳光穿过路边郁郁葱葱的香樟树绿叶的缝隙，透过车窗洒在我脸上。要塞实验小学的“小河长”们怀着无比激动的心情，乘着大巴，在包老师和“漂流大叔”的带领下去白屈港河检测水质。“漂流大叔”在车上有声有色地为我们介绍着白屈港河：“白屈港河，为江阴市中部地区的主要通江引排河道之一，长 9.8 千米。原为白屈港口至东横河长约 43 千米的弯曲小港……”

到达白屈港河，我们争先恐后地下了车，小心翼翼地来到河边，想仔细观察这条河。才刚来到河边，一股臭味扑鼻而来，我用手捂住了鼻子，这简直是史上最臭的河！我和刘逸凡再走近一看，河里面全是垃圾，有废弃的塑料瓶，还有许多的漂浮物。这条河水呈黄色，十分地浑浊。再看看这条河的绿化，旁边几乎没有什么植物，河面上还有许许多多的船在排放污水。

观察完毕，“漂流大叔”从河中采取了水样，然后又拿出许多检测水质的工具，发放给每组同学相应的检测工具。这次我们组要测的指标是总磷。我们先往加了河水的比色管里加了 1 mL 的试剂，摇匀，静置 30

秒后，再加入一包试剂，继续摇匀，然后静置10分钟，水变成了美丽的蓝色。与卡片上的颜色进行对比，磷的指标是0.1 mg/L，污染不算严重。但是如果人们不引起重视，不去治理，继续往河里扔垃圾，时间长了，河水污染会越来越严重。

通过这次活动，我认识到了水污染的严重性。我们能做的虽然不多，但只要我们从“不往河里扔垃圾”这样的小事做起，呼吁更多的人来珍惜水资源，我们的家园一定会变得更加美好。

5. 说——对知识载体本身的整理

“说”的对象可以是在活动小组内讨论交流各自的收获与认识。“说”也可以在校园中，开展“节约用水进校园”特色宣传活动，帮助学生从小树立知水、节水、护水的理念，通过互动提问，分享江阴市河道分布情况以及一年来的总体治理及维护情况。“说”还可以扩大范围，通过媒体等手段向社会大众呼吁，提出帮助污染治理的小建议。此时，参与者就是知识的唯一载体，通过分享、交流帮助学生整理长周期性的实践研究。

联结与管理

关联课程要素，构建课程资源建设共同体

综合实践活动课程是“做”的课程，没有现成的教材，没有固定的教室，没有不变的知识，但是课程实施总会涉及一些关键性的因素或维度，即课程知识、课程过程、课程作品以及课程人，由这几个要素将综合实践活动课程中的各种知识与相应的知识载体联结成一个立体的动态整体。

1. 课程人与课程作品

此处的“人”主要指学校课程开发者，“课程作品”并非单指师生研究成果，还包括“长江大保护，我是‘小河长’”课程的顶层设计，包括课程规划、课程实施方案等，它们存在着一定的约束关系和层次关系。当然，不同活动的课程作品之间，甚至是一个课程作品内部都有可能存在着功能相似或结构相似的元素，可以对这些元素按照相似性进行分组管理，便于课程人今后对特定元素的查找。

2. 课程人与课程过程

课程人需要规范并告知他人一个完整的课程作品的形成需要经历哪些阶段。多个场景构成一个任务，多个任务构成一个过程。“长江大保护，我是‘小河长’”活动课程经历以下过程：首先，关注区域长江大保护热点，确定课程落点；其次，整合校内外多学科、志愿组织资源，组建教学共同体；再次，跨界融合视角，开发实施“长江大保护，我是‘小河长’”活动课程；最后，集中进行知识整理，建立特色课程资源。

3. 课程人与课程知识

针对课程各个过程所涉及的知识进行整理，按照重要程度或者使用频次进行排序。对于“长江大保护，我是‘小河长’”课程参与者——学生来说，最重要的知识当然是水质监测的方法。经过统一规范后的知识，便于检索、获取和传播。

4. 建立课程要素间的关联

在课程要素关系中，还有更为重要的“人—人”的关系，包括“师—生”的教学相长，“生—生”的交互协作，“师—师”的共同育人，以及更为广泛的家长、社区人士、校外专家等。通过构建“人—人”“人—过程”“人—作品”“人—知识”四种关系，把“长江大保护，我是‘小河长’”课程中各种知识与掌握相应资源的载体关联起来，形成一个立体动态的课程资源整体。

基于区域资源所孕育而生的综合实践活动课程是富有张力和活性的，需要进行更细化的研究，形成系统的、可落实的实践活动指引。只要着眼于学生的生活经验，以真实的生活世界为背景，根据学校实际，善于取材，充分发挥本区域的资源优势，综合实践活动课程将实现“质”的提升，与国家学科课程形成不可或缺的教育合力。

案例提供：江苏省江阴市要塞实验小学

本文撰写：江苏省南京市北京东路小学阳光分校　林淑鑫

第六章

另一次伟大的旅程

信息高速公路对我们文化的转变将像谷登堡的印刷术极大影响中世纪文化一样，极大地影响我们当代的文化。

——比尔·盖茨

我们班的“朋友圈”

我们常常将学习看作儿童个人的事情，往往忽略了人的社会性，模仿、交流、质疑，时常悄然地发生在不经意的交往中，思维间的对话让学习自然而然地发生。“我们班的‘朋友圈’”正是为当下这群奔跑在信息高速公路上的孩子们而创设的人与人、人与物、人与世界的互动机会。多元化的关联迸发出的创意火花，是每一个孩子奔跑中的补给和助力，支持他们最终都能顺利地奔向发展的彼岸。

发现与辨识

数字时代的“原住民”

人类社会前行的轨迹沿着技术发展的方向，从农耕社会转向了工业时代。工业革命的力量加快了科学技术转换为直接成果的速度，蓬勃的生产力将整个人类文明前进的车轮高速地推向了信息化时代。

信息社会的伟大，在于人类利用技术创造了一个与传统物质世界截然不同的网络世界，人们在虚拟空间中的所作所为直接影响着现实生活。由此，诸多基于网络的行为方式替代了现实世界中的交换方式、交往方式，甚至是思维方式。人们更依赖于信息、知识来解决问题，而信息的采集、处理和传送，需要通过一定的媒介。于是，各种移动终端、应用软件和应用工具井喷般的爆发，这些数字化媒介（以下简称“媒介”）协助人们在信息社会中工作与生活。离开这些媒介，人们难以高效地完成工作与学习，甚至生活也会受到干扰。可见，信息时代中，媒介素养已经成为人们必备的核心素养之一。

在如此浪潮下成长起来的儿童，被称为数字时代的“原住民”，他们自出生以来就自然而然地与各类媒介朝夕相处，信息技术渗透在他们生活的各个领域。这些媒介充满了互动性、参与性和创造性，对于儿童的感知能力、认知水平、思维方式、语言表达都有着积极的促进作用。但由于儿童尚缺乏自控能力和是非辨别能力，过度自由地使用媒介，沉浸于成年人为主的网络世界，不仅会导致他们过早地成人化，也容易产生诸多负面的社会问题，如早恋、网络暴力等。缺乏监管地使用媒介，还会损害正在成长中的少年儿童的身心健康，逐年攀升的近视率便是最有力的证据。媒介俨然是一把“双刃剑”，我们既不能阻断儿童与媒介间的联系，又不能放任不管。若是能用儿童喜欢的方式引导他们合理、充分地使用媒介，则既能满足儿童自身的需求，又能助力他们形成可以直面未来的关键能力。能力的习得需要系统化的学习，因此我们要进行合理的设计，使得散乱的资源在统一的目标下统整为有序的、系统化的课程学习。

时代的变革、儿童的呼唤、教育的冀望，让我们希望能够为生活在崭新时代中的儿童，设计一门可以培育信息素养、媒介素养的课程，即通过对一些媒介的学习和运用，让他们学会如何获取信息、正确地评价和利用信息，并能够使用媒介创造有效信息，成为可以在信息社会中真正创造价值的人。而这样的课程，广泛又易得的数字化媒介便是首选的学习资源。

挖掘与重组

微信·微连接

我们的身边充满了形形色色的媒介，如何选择媒介，并借助它展开系统化的课程设计以达成我们的预期目标？在研读《指导纲要》的基础上，我们依据《指导纲要》的基本理念，提炼出了几项基本原则：基于学生、关联现实、跨越学科、动态生成。据此，我们采用了数据挖掘、矩阵分析、异质同构等方法对资源进行了挖掘与重组，使其能够发挥最大效能服务于学生。

1. 数据挖掘，确定学习资源

2017 年，中国社会科学院调研成果显示，中国小学生拥有手机比例超 60%[1]；《2018 年全国未成年人互联网使用情况研究报告》称，截至 2018 年 7 月 31 日，我国未成年网民规模达 1.69 亿，未成年人的互联网普及率达到 93.7%。信息社会中的儿童对于网络的依赖可见一斑。在如此庞大的基数前，我们要有针对性地挑出儿童的共性选择，这种选择正是千万儿童在信息化世界中自然需求的表现。

我们通过文献搜索了解到，目前中国青少年在各类媒介选择中，更倾向于使用学习和社交类的媒介。其中微信使用率高达 84.6%[2]。在微信的使用上，小学生群体的数量比例较高，语音、朋友圈、群聊是小学生人群使用微信的主要方面。我们也曾做过相关的调研，光华东街小学全校 704 名学生，有 308 名学生参加了调查。调查结果显示，其中 75.32% 的学生有可独立使用的移动终端，每天有固定使用手机的时间和时长；71.43% 的学生有使用微信的习惯，他们主要使用微信与亲人、朋友保持沟通和联系（表 6–1）。

经过数据的筛选、对比和分析，我们认为，微信作为一款在小学生中具有极高普及度和使用率的媒介，可以成为我们这门课程开发的主要资源对象。

---

[1] 季为民、沈杰主编《青少年蓝皮书：中国未成年人互联网运用和阅读实践报告（2017～2018）》，社会科学文献出版社，2018，第 4–30 页。
[2] 同上。

表 6-1 光华东街小学学生新媒体使用情况调查统计表（部分）

你是否有可以独立使用的手机或者平板 [单选题]

选项	小计	比例
是	232	75.32%
否	76	24.68%
本题有效填写人次	308	

你常用的 app 有 [多选题]

选项	小计	比例
QQ	203	65.91%
微信	220	71.43%
微博	16	5.19%
知乎	8	2.6%
抖音	91	29.55%
快手	13	4.22%
bilibili	9	2.92%
百度贴吧	74	24.03%
喜马拉雅	67	21.75%
爱奇艺	99	32.14%
其他	52	16.88%
本题有效填写人次	308	

2. 矩阵分析，确定学习对象

数据表明，小学阶段中微信的使用者多为中高年级学生，但由于课时、师资等诸多局限，学校缺乏同时在中高年级开设该项课程的能力。因此，我们根据综合实践活动课程目标及特性，结合学生实际，从信息技术能力、网络社交需求、移动终端使用时长、学业任务四个维度对校内六个年级的学生进行了矩阵分析，用 1—5 的分值表现他们在不同维度的程度，并通过综合评分，确定哪一个年级学生更适合开展微信课程（表 6-2）。

表 6-2 课程设立年段分析表

程度分值 能力、需求 \ 年级、年龄	一年级	二年级	三年级	四年级	五年级	六年级
	7 岁	8 岁	9 岁	10 岁	11 岁	12 岁
信息技术能力	1	1	2	3	4	5
网络社交需求	1	1	2	4	5	5
移动终端使用时长	1	2	3	4	5	3
学业任务	–1	–1	–2	–3	–4	–5
总计	2	3	5	9	10	8

由表可见，学校一至四年级学生信息技术能力水平尚弱，缺乏相应的课程能力，他们的网络社交需求不强，对课程的需求也不强烈。而五、六年级的学生，有一定的信息技术能力和相对稳定的移动终端使用时间，加之这个阶段的学生已逐步进入青春期，与同龄人交往的需求增大，需要更多的途径与人沟通，无论是从生理的需要还是能力的范围来看，这两个学年段的学生与课程是吻合且匹配的。但由于六年级学生的学业任务相对较重，使用移动终端的时长有限，网络社交受到了一定的限制，他们更多的是在现实中与同伴和老师交往、沟通。经过综合的对比分析，五年级学生更适合对应的课程学习。

3. 异质同构，确定课程框架

确定了资源和学习对象，我们就两者间的联系开展重点关注外部世界的课程资源与学生内部心智世界的对接，从而优化、重组学习内容与结构，尝试建构符合《指导纲要》要求的课程框架。

微信除了可以通过语音、短信、视频、图片等进行通信交流以外，还能采用多种形式记录和展示自己的生活。要让微信成为综合实践活动课程的学习资源，我们不能单纯地进行软件功能探索，让综合实践活动成为单一的信息技术学习。但作为课程的开发者，我们首先要熟悉微信的软件功能，只有熟悉它才能开发出更多学习内容的可能。我们对微信现有的功能进行了梳理，并对各项功能可供学习的内容进行了初步整理（表 6–3）。

表 6–3　微信现有功能及其可供学习的内容整理表

功能	即时通信	朋友圈展示	群聊	公众号宣传	小程序
学习内容	软件功能、认识和应用	文字编辑、图片拍摄、图片美化、视频拍摄、视频美化	网络文明、道德规范、网络安全知识	学习资源搜索，图文混合排版、设计，文案设计	H5 语言编写、Python 语言编写、UI 设计

从表中可以看出，微信承载的学习内容是丰富的，但同时这些内容也是割裂的、无逻辑关联的，更偏重信息技术的应用，与学生的生活相去甚远。这样的内容不能立足学生的学习兴趣，容易让他们感觉枯燥，丧失主动学习的动机，反而加重了学习负担，违背了课程开发的初衷。

再看小学五年级学生，他们刚刚步入青春期，独立性增强，不愿再“束缚”于父母的管教下，渴望与同龄人交流、沟通，对复杂的问题有了更多独立性的思考，因此希望得到更多的理解与支持。微信的某些功能正具备了这样满足青春期儿童伙伴交往需求的条件。朋友圈的“点赞”对他们来说是来自同伴的认可，是一种及时的、有形的鼓励，由此所产生的同伴影响可以朝着积极的方向发展。微信不仅连接了人与人之间亲密的关系，其开放的协议和端口，更能借助传感器与真实世界发生关联，让使用者在现实与虚拟世界中自由切换，在线上与线下的延伸中发现更多创新、创造的机遇。

于是，我们利用微信——这个主打社交的媒介，为孩子们打造一个同龄人集合的虚拟“班级”学习圈。通过主题化的设计，让学习的场域更加宽泛，提供更多可供学生自主研究的场景；让零散的学习内容更加富有逻辑序列，使课程的学习超越学科学习；让知识与技能关联身边的每一个人和真实的世界，提高他们的实践能力；让学生在线上线下亲密的合作中，相互鼓励、相互影响，协同完成任务，培养责任担当精神，共同取得进步。

如表 6–4 所示，我们从一个真实且开放的大问题驱动学生对常用的微信软件进行全新的考量。随着学习内容的深入，将大问题逐级化解为一个个可以解决的小问题。媒介的功能学习嵌入在真实的问题中，有效地避免了学习的机械化、单一化，使得媒介成为解决问题的利器。

表 6–4 “我们班的‘朋友圈’”主题课程框架

课程名称	我们班的“朋友圈”	
问题驱动	学习板块	学习内容
如何用微信向家长展示班级的学习活动？	功能探索	调查家长关注班级中的哪类活动。 微信各项功能的初步认识。
微信的哪些功能可以高质量地展示家长们关注的内容？	自主研究	微信各项功能的深度调查。 根据调查，分组对不同的功能进行深入探究和学习。 组建聊天群。(通讯功能的集体学习)
如何合理使用聊天群？ 如何收集展示内容？ 如何组织展示内容？	自我管理	时间的分配与管理。 网络道德规则学习。 网络安全知识学习。 展示资源的收集与归纳。(视频、图文的拍摄与美化) 建设资源库。(微云的学习与使用)
展示作品有哪些不足？	设计与创造	初步完成展示作品。 收集反馈意见。 素材的收集。(各类公众号的订阅、搜索到不健康的内容如何处理) 文案撰写。(写作技巧学习、爆款案例赏析与社会反馈思考) 排版设计。
展品如何加入互动？	设计与创造 展示交流	小程序编写设计。(编程语言的学习) 交流展示最后的成品。

为了保障课程的落地，我们对课时与师资也进行了适时的重组。由于综合实践活动课程的特性，较之于传统的课程学习，课时与师资的安排更加凸显灵活性和网络性。关于课时安排，除了固定的综合实践活动课时以外，我们还将每周五晚的七点半到八点半定为网络连线时间，学生可根据自身的学习进度选择参与或不参与。网络连线主要通过群聊的方式，对一周的学习内容进行反馈和交流，同时针对新生成的问题及时展开讨论和思考。

开放的综合性课程让不同学科的教师相邀走进课堂。网络会议、直播间等形式还便捷地将专家引进课堂，不但使得课程更具专业性，也丰富了学习的形式。具有相关领域工作经验的家长也是优质的教师资源，他们因为工作的缘故，在程序开发、图文设计等领域有着丰富的经验。同时，作为这个年龄段学生的家长，他们和孩子之间有着自然亲密的沟通方式与方法，非常适合加入课程的相关建设。

课程的建构让资源间产生了联系，由于技术的涉足，许多可见的联系转为了不可见的信号传递在媒介中。虽然无形，但它们之间紧密联系，关联成网，指向实践学习，是每一个学生在未来独立面向广阔世界的坚实基石。

运用与活化

无处不在的虚拟学习场

媒介的学习基于互联网，超越了时空。虽然有时学生所在的那个学习空间是虚拟的，但学习的过程与成果都是真实的。线上与线下如何对接才能弱化现实与虚拟、课内与课外间的隔阂，才能让学生体验完整、流畅的学习过程呢?

经过系列的实践，我们主要采用任务驱动、主题活动的延伸来弥合课程学习间的空隙，将线上与线下拼合成一个完整的学习圈，使学生的学习行为更具有连续性，促成了新的学习模式的诞生。

1. O2O 学习圈

O2O 为 Online To Offline 的缩写，即线上到线下。O2O 学习圈就是这样一个线上线下对接的学习群落，包含可以交流的讨论组、可以随时调阅的学习库及全天候的学习成果展示区域。

（1）协作讨论组。通过兴趣分组，利用群聊功能，学生组成了规模不同的讨论小组，分为年级组群落、班级组群落和学习小组群落。在不同的学习问题和任务中，学生可在不同的学习圈内交换信息、交流想法，又互不干扰。在讨论组中交流的观点，都会在课堂上进行实践。若课堂中不能解决，又可折回线上，通过讨论、资料搜集与专家连线等方式挖掘可以解决的方法，再回到课堂进行实践。如此反复，打通线上和线下、课内和课外，形成良好的学习循环。

（2）云学习库。通过搜索微信中的各类相关学习资源，学生将自己收集到的、能利用的学习资源，如视频、图、文等，归纳整理，上传到云盘中，进行分享。通过移动终端可随时调用学习资源。

（3）成果展厅。利用微信的小程序功能将班级的学习成果进行线上展示。同时，我们也帮助学生将优秀的作品进行线下展示。在其他活动中创作出的优秀线下作品，我们也会通过学生设计的小程序进行线上展出，对此进行更广泛的宣传。

2. PPP 学习模式

PPP 为 Point to Point Protocol 的缩写，原意为点对点协议，我们将其引申为学生在社交媒介学习中的一种创新学习模式。微信本身就是一款点对点的即时通信工具，基于此展开的学习也是点对点型的，包含学生与教师的点对点，学生与同伴间的点对点，更有学生和学习内容、学习评价的点对点。

点对点的学习在媒介的支持下，能保留个人完整的学习行为记录，更加强调协同学习，有利于学生与教师回顾和有针对性地展开辅导，在合作中提高学习的效率。

3.“智创节”主题活动

课程学习创生出丰富的作品，我们采用主题竞赛的形式对作品进行展示与评价，用真实的问题考查学生的学习情况。比如，短视频故事赛是用视觉思维构思在 15 秒内可以叙述完整的流媒体故事；摄影大赛是结合学校各类主题活动，拍摄合适的图片进行创意表达；智创物联是通过小程序加传感器的设计，解决校园内的实际问题，如班级图书角图书的借阅管理等。

虚拟的时空拓宽了学习的场域。现实世界与网络世界的对接，让学生能更加自如地应对信息社会。由此产生的全新学习模式，对于其他学科的教学方式也具有一定的借鉴意义。

联结与管理

让每一个孩子活泼泼地生长

校园里的任何一门课程，不能只是一座孤岛。所有的课程都应尽可能地建立联系，在资源与资源的碰撞中不断优化重组，在时间的沉淀中一次次新生，以符合社会发展、学生学情等各方面的变化。

1. 个性化学习模式的再探索

光华东街小学是南京市的小班化示范学校，多年来一直在努力践行小班化教学理念，倡导通过差异化的教学，实现学生个性化的学习，让每一个学生在达成课程目标的同时，又能激发其不同的潜能，真正地实现每一个孩子活泼泼地生长。

在探索的道路上，学校一直在尝试使用不同的策略建构个性化学习的模型。而“我们班的‘朋友圈’”活动正是让学生通过对媒介的学习，自由组建学习圈。不同学习圈的学生能根据自己的兴趣、学习进度选择不同的学习内容，以不同资源展开各不相同的学习，获取不同的学习成果。这给了我们很大的启发，在更多学科的学习中，我们完全可以选择合适的媒介搭建学习圈，利用云技术为各学习圈的学生推送不同的学习资源，让每一个孩子都能立足自身，在同一主题的学习下，展现他们各自特有的思维方式，走出不同的学习路径。

2. “双育”教育的深渗透

儿童活泼泼地生长，不单要有思维的活泼，更应有心理的活泼。心理的活泼就是要有积极的处事态度、良好的人际关系、正确的情绪处理能力。在“我们班的‘朋友圈’”的主题活动中，以微信为主导的社交媒介自始至终都在关注和引导学生的心理活动，在虚拟的朋友圈建构中帮助成长期的学生学会正确处理人际关系，学会合理释放情绪。让他们在收集、筛选、分析、利用信息的过程中思辨，形成良好的网络道德规范，树立正确的价值观。

可见，心理健康教育和德育组成的“双育”教育完全可以参与学习的全过程，经过巧妙的设计就能与学习内容无缝融合，做到真正的“润物细无声”。“我们班的‘朋友圈’”活动课程的学习者也是“双育”教育的最佳宣讲人，他们在学习过程中的感悟都是真实的案例，通过主题班会、广播站，经由他们的讲述，用儿童的视角引发同龄人之间心灵的共鸣，这比单一的说教更有说服力。同时，学校成立了儿童网络使用心理辅导站，主要从时间管理的角度引导学生合理使用网络，倾听与疏导同学们在使用各类社交媒介时遇到的困惑，受到了许多学生的欢迎。

3. 科技创新活动的新升级

“我们班的‘朋友圈’”活动课程产生了丰富的科创成果，如快速生成大批量二维码，通过扫描这些二维码实现弹性离校学生的签到和退场，同时微信会将学生的状态推送给班主任和家长。这些成果的产生都是为了解决实际问题，问题来源于家庭、校园，甚至是班级，因为这些问题离学生很近，容易被学生捕获。而学校以往的科创成果多依赖于相关竞赛的组织与开展，从“我们班的‘朋友圈’”中迸发出的丰富成果则给学校的科技创新活动带来新思路：聚焦校园，聚焦真问题，聚焦小问题。通过课程化设计，让学生接触和选择合适的新媒介、新技术，加强计算思维能力的训练，主要依靠编程设计来实现人与人、人与物、物与物之间的交互，通过智能交互解决各种实际问题，从而将学校的科技创新活动带入人工智能的新阶段。

联结中的课程，一次次焕发出崭新的活力，映射出个性关怀、价值观正确、创新创造的新光芒。在这样的光芒中，每一个孩子又得到了全新的锤炼，他们个个活泼泼，光彩万分。

本文撰写：江苏省南京市光华东街小学　魏娟娟

在开放的知识海洋中学会选择

在综合实践活动课程中，问题的聚焦、方案的制订、资料的搜集，都需要更多信息的支持，网络中海量的信息可以更便捷地实现这种支持。但是，由于网络平台开放性很强，网络资源良莠不齐，有一些内容是比较混乱的，不光学生，就是很多教师在搜索资料的时候也常常获得错误的信息。选择有一定权威性的网络平台，获取可信度高的知识信息，是基于互联网开展探究实践的必然需求。

发现与辨识

在场在线，打破围墙

综合实践活动课程的开展需要打破教室和校园的局限，提供给学生更开放的学习环境，使他们能够将发现的问题转化为活动主题，主动地去探究和解决问题。《指导纲要》中提到，无论是“体验课题研究的过程与方法，提出自己的想法，形成对问题的初步解释”，还是“深入思考并提出有价值的问题，将问题转化为有价值的研究课题，学会运用科学方法开展研究”，或者“提出具有一定新意和深度的问题，综合运用知识分析问题，用科学方法开展研究”，除了在具体情境中的观察、考察、研究、实践，以及运用学科学习获得的知识来处理问题，还需要通过其他渠道提供的丰富资源，来帮助学生认识与思考问题，搜集信息与获取证据。

网络的资源丰富，其中又以一些知名的数字出版平台作为最可信赖的资源。这些资源不仅安全性高，还可以培养学生进行基于文献的研究能力，值得充分利用与开发。以中国知网为例，它提供的学科专业数字图书馆和行业图书馆等资源，囊括自然科学、人文社会科学及工程技术等各领域知识，拥有期刊、报纸、博士和优秀硕士学位论文、全国重要会议论文等数据库。学生在综合实践活动中产生的想法和疑问，可以先进行搜索，再把与之相关的可靠信息提取出来，找出已有知识信息和自己的问题的联系，从而发现有价值的选题，进而帮助学生更好地制订出研究计划，避免出现浅问题、伪问题，借鉴他人的探索方法，提升综合实践活动成果的价值。

除了中国知网以外，还有很多的在线平台可以为学生的综合实践活动提供资源支持，如超星校园阅读系统、国家数字化学习资源中心等。

挖掘与重组

知识在线，突破书本

今天，学生学习知识的途径早已超越书本，走向多元化。无处不在的数字资源和数字工具让每一个人都可以实现随时随地学习，只要有网络，海量的知识库就随手可得。对于面向未来的学生，在设计和管理项目时能辩证思考，解决问题，运用数字工具和数字资源做出有效决策，这已经作为一种关键的技能。在线数字资源能够让学生获得不同的学习与发展，具体可以表现为六方面。

1. 信息的充分获取

在传统的课堂教学中，学生和教师通常都是围绕着规定的课程内容进行教学，而综合实践活动为学生带来了面向真实世界解决问题的机会，教师并不需要亲自去传授学生知识内容，而更多是问题情境的发现者、创造者和开发者。当教师将学生带入真实的问题情境，激发学生去分析和思考时，每一个孩子都需要有一个自主获取信息、选择信息和处理信息的过程，以深入地形成个人或者与合作者间的观点、想法。无处不在的数字化工具和网络资源固然可以带给学生很多的信息，但是网络的信息并不总是优质的，甚至可能是劣质的，类似中国知网这样的数字出版平台提供的信息，其可信度显然要优于其他来源。

2. 问题的深度聚焦

我们发现在很多的真实情境中，学生所聚焦的问题，常常会显得比较浅显、一般化，甚至是一次又一次地重复，谈不上独特视角、创新思维。这就说明，如何提出一个有价值的问题，能够引领学生开展真正有价值的探究或创造性学习活动，需要学生对他人的研究、实践有所了解。学生在数字出版平台上搜集相关问题的研究报告、文献、文章，对他人的研究有了充分了解，并进行梳理后，才可以识别自己所提出的问题当中，哪些是有价值的，哪些是新颖的，哪些是别人已经研究过的。运用网络平台资源进行深度的学习、了解、筛选、提炼，再聚焦到自己所研究问题上来，可以找到适合自己且具有创新性研究方向的信息。

3. 方法的模仿学习

每当深入分析问题之后，下一步就是针对问题开展实践研究。那么怎么开展综合实践活动研究就是一个需要去面对的事情。中小学的学生想法很多，可是因为研究水平有限，真正落实到研究过程中就会显得有些无从下手。学生借助数字出版平台，可以学习别人的研究思路与过程，看看别人是如何做研究，用了哪些方法进行研究，如何表达自己观点并形成研究报告或者论文的。学生还可以通过查阅文献资料，从模仿学习开始，让自己学会科学地、系统地做研究，这样才能进一步进行加工，从而做出具有个性化、创新性的综合实践活动设计。

4. 思路的拓展延伸

在综合实践活动课程中，往往问题在研究到一定程度后会陷入一个瓶颈，学生的思路会遇到阻碍。比如，在一次围绕制作指挥交通机器人的STEM学习时，最初学生的注意力都会集中在如何让这个机器人运动上，于是他们根据书本所学到的一些工程学知识去尝试运用舵机、电机与支架进行结构组合，但是在动手制作后会发现，一台指挥交通的机器人光动起来是远远不能满足实际需要的。如何进行实时的交通指挥呢？这个问题单靠书本知识很难解决，这时候需要借助文献来了解别人发现的问题、探索的思路以及实践的方法，然后将别人的思路、方法整合到自己需要解决的问题当中来，这样就打开了思路，突破了瓶颈。

5. 在探究中学习知识

综合实践活动在探究过程中会发现很多值得进一步研究的问题，这些问题涵盖了各个方面，可如何对这些问题进行研究呢？比如，学生在制作指挥交通机器人时发现，不仅仅是让机器人动起来，还需要让它能够站在路口指挥交通，必须能结合信号灯做出相应的指令；在遇到有行人、车辆闯红灯的时候能予以警诫提醒；还要能够区分出车辆和行人；等等。这时，查阅书本是无法满足需求的，于是参与研究的学生就可利用数字出版平台去搜索相对应的知识，并通过再次整合、学习，获得更贴合研究方向的知识，这些知识支持他们进行深层次的研究。

6. 必要的规范学习

在综合实践活动课程的探究性活动中，写研究报告和论文的机会越来越多，教师往往只注重文章的内容和学生创新能力的培养，却忽视了学术规范的重要性。在一次“明日科技之星”综合能力复评中，参赛学生要根据试题要求，在网上查询相关资料，完成一篇小型报告。在实际提交的报告中，大多数学生忽略了标注文献来源这一细节。专家认为，如实注明资料来源是基本的学术规范，应在中小学就开始普及。规范的学术网站平台，一方面给学生提供了非常好的研究文献资源；另一方面这些文献又严格遵循学术规范，给学生以“规则”的示范。

由此，我们可以发现综合实践活动课程应当提供给学生可以借助数字资源和数字工具提升问题解决能力的机会。基于互联网开展探究实践活动，就是以数字出版平台为基础，为综合实践活动营造出一个开放的、可靠的资源空间。

运用与活化

激发自主，促进探究

综合实践活动既要考虑到学生的已知，更要关注学生的未知，特别是在问题解决方面，强调学生从真实生活和发展需要出发，在生活情境中发现问题，并转化为探究活动主题，体验课题研究的过程与方法，提出自己的想法，形成对问题的初步解释。基于问题，亲历探究的过程、掌握问题解决的方法、提升问题解决能力是综合实践活动课程的重要目标之一。因此，如何基于互联网，利用数字资源去分析问题、解决问题，是在运用网络平台开展实践活动中尤其要关注的。

1. 探未知——从信息获取到问题聚焦

对一个生活情境中的问题，教师在带领学生考察生活情境的基础上，引导他们知道在实践活动中需要解决的主要问题到底是什么，问题得以聚焦后再进行探究与实践，可以大大提升探究性实践的价值。在实践过程中，涉及课本之外的知识会促发学生借助网络资源进行自主学习，这样学生就成了“探索者”，而不仅是被动地“接受者”。例如，在活动中学生通过教师提供的视频和课件了解到，车辆和行人比较多且无人值勤的交通路口，有些行人会闯红灯，很容易造成交通事故。这一现象非常普遍，而学生从个人的认知出发，缺乏与这个问题有关的背景信息支持，那么他们所能发现和提出的问题容易浮于表面，难以出现创新的想法，也就不会有什么创意实践的机会。实际上，关于这样的情境有很多人都曾经做出过研究与分析，那么别人是怎么考虑这个问题的呢？

教师引导学生就这些问题通过网络搜集资料进行阅读学习，并交流资料学习的结果。学生如果借助网络信息能够发现有人专门研究闯红灯者的心理原因，有人专门研究交通信号控制的优化方法与流程问题，有人研究不同路口的通过时间与闯红灯的关系，等等，那么再去提出问题与聚焦问题的时候，就会深入和具体得多。在这一次的活动中，学生想到要设计一个智能装置来解决闯红灯的问题，并就完成这个工程任务提出了一些问题：如何鉴定与记录闯红灯的行人？如何及时阻止闯红灯的行人？如何在上下班的高峰期保持路口的安全畅通？……在交流的基础上，学生将要解决的问题聚焦到制作一个可以识别信号灯的交通指挥机器人上来，力求让这个机器人可以通过识别信号灯的变换来进行手臂运动，从而指挥车辆与行人的通过。可见，建立在文献资料研究基础上的问题发现、话题聚焦，要显著优于凭空的思考。

2. 拓思路——从模仿学习到创新拓展

对于综合实践活动来说，要让学生从常规的课堂学习跳跃到搜集、筛选、整合以及应用资料去解决实际问题，这个难度会有些大。实际上，学生在这个过程中是在运用新的学习技能完成任务，得到解决问题能力提升的机会。因为学生还不知道怎么去研究，如何让自己的研究更科学、合理，网络上的各种研究报告以及研究报告中运用的方法就有着启发、示范的功能。所以当学生解决问题的热情被激活，我们就促使学生自己去搜集资料，自己去研究分析。此时的网络资源不仅可以为学生解决问题提供背景知识学习的机会，还可以引导学生通过阅读专业文献学习别人的研究过程与方法设计。让学生先试着进行模仿，在模仿学习的基础上渐渐地摸索建构自己的解决问题方案，并且在亲身实践中不断地发现一些有价值和需进一步探究的问题线索，再与小组成员和教师交流，针对拓展出的新问题进行交流和再学习。随着研究的不断深入，逐渐形成自己个性化的创新方案并动手实践，将自己的创意思考用报告、实物等形式表达出来。

在“制作智能指挥机器人”的主题确定后，学生在教师的引导下发现想要制作出成品需要解决的几个主要问题：如何搭建一个可以移动的机器人？如何让机器人可以识别红绿灯的信号？机器人在识别后如何结合手臂运动进行交通指挥？……这需要学生具备一些物理学、工程学以及信息学的背景知识。在过去的科技创新活动中，教师往往会急于做“告诉者”，忽略学生自己去解决问题的价值。因此，学生往往只是一个实践教师已有方案的“操作者”。在网络信息的支持下，学生是可以自己去寻获方案的，通过可靠的数字出版平台，将有价值的信息检索出来，学生自己阅读、整理、交流，探索出解决方案。

在这次活动中，学生通过借鉴别人的方案，完成思路设计，规划搭建机器人的方案，在教师的指导下做出机器人模型，最终将程序植入机器人。在之后的机器人结构、程序的测试、迭代中，教师再促进学生进一步发现问题，寻找原因，开展研究。通过不断地优化程序，学生又实现了一些新的功能：实现与实际路口的红绿灯信号同步；配合红绿灯信号做指挥手势动作；发出与红绿灯信号同步的语音提示；用人脸识别系统检测行人闯红灯，并对闯红灯行为发出警告；在红灯等待期间没有人闯红灯时，进行奖励性的播报。

实践证明，当教师退出来，把网络知识资源交给学生，只要适时、适度地支持，学生是可以自己做得很好的。

3. 学规范——从知识支持到规范学习

不少人认为，小孩子的探究是“扮家家”，做了就好，因此会有意无意地降低对学生创新实践的要求，出现一些不规范的现象。例如，在方案设计中，教师取代的多，甚至让学生误以为教师给方案的科技活动也能被称为自己的创新发明；再如，在问题解决的探究活动中，一些实验、测试、迭代，需要严谨的实验设计和数据分析，使学生凭证据发现和分析问题，但是我们会在指导学生中忽略，不做要求，因此学生很难提供一个完整的实践报告；又如，在研究报告、产品说明、小研究论文中，引用了别人的成果，却不严格要求学生注明文献和资料的来源；等等。

要知道，虽然在问题解决的过程中，学生是可以进行知识和方法学习的，但是对学生的科学规范、学术伦理、规则意识的教育，是一个潜移默化的过程。平时忽略了规范要求，就容易造成学生以后对规范、规则的轻视，甚至无视。因此，在学生制作智能指挥交通机器人时，教师要求他们借助网络搜索专业文献进行研究、学习与运用，最终汇报的时候不仅要展示作品，还需要学生提交自己的工程笔记。工程笔记应包含：相关核心概念的解释，实践研究的过程，取得了哪些研究成果以及实践活动的创新点，还有别人是用什么方法来研究的，如何去取得研究数据，如何分析，等等。在撰写过程中要求学生尊重别人的劳动，对于在工程笔记中引用他人观点与研究成果的，需要进行规范标识引用、注释的方法，借鉴搜集到的专业论文进行模仿，达到规范要求，从而培养规则意识、规范意识。

此次综合实践活动不仅达到了预期效果，而且还获得了回报，教师辅导学生的创新作品获得南京市科技创新大赛一等奖，组委会对作品也给予高度评价。后期学校还在此综合实践活动理念的基础上，开发了以仿生机器人为特色的综合实践活动校本课程。

联结与管理

线上线下，相互融合

基于网络平台的综合实践活动课程，就是在运用网络资源优势的基础上，以更丰富的数字化知识资源，支持学生进行更好的自主探究学习，实现真正的“以学生为主”。对于这样的综合实践学习，仅仅将学生推到线上，而没有能够在线下给学生充分的指导，是不能开展真正的实践的。因此，线上自主学习与线下实践活动，应当在教师的指导下融合开展。

1. 网络资源的整合

《指导纲要》指出，“地方教育行政部门、教研机构和学校要开发优质网络资源，遴选相关影视作品等充实资源内容，为课程实施提供资源保障”，“要探索和建立优质资源的共享与利用机制，打造省、市、县、校多级联动的共建共享平台，为课程实施提供高质量、常态化的资源支撑”。即便数字出版平台资源丰富、内容规范，但在海量信息面前，学生甄别与选择的能力还是要在教师指导下逐步发展，这样的资源整合，可以通过建立一个在线的自主学习型网络资源库，把网络平台中的相关内容进行链接，教师和学生还可以针对研究的问题进行课程内容的编辑，在边学习边交流的过程中及时地更新与维护日常学习内容。教师也可以时时查看学生的研究进程，学生之间也可以互相进行学习。

2. 学习环境的维护

为了保证综合实践活动课程的顺利开展，除了搭建自主型学习网络平台进行课程内容的编辑与维护之外，更要注意的是保障学生的学习环境。首先要进行身份管理，凡是登录网络平台的都需要进行实名注册，每学期对账号都要进行管理与维护；其次，要培养学生针对自己的综合实践活动主题进行个人、小组的计划编制，在不断的学习过程中，根据实际情况进行时时维护和修改，不断完善补充自己的活动计划，让计划能够真正落地。

3. 学习效果的评价

常规的课程教学对于学习效果的反馈与评价，绝大多数都是在有限的课堂时间中进行的，教师很难做到让每一个学生都有机会获得被指导和评价的机会。这时候运用建立起的自主学习型网络平台，就可以让每一个学生都得到老师和同学互动评价的机会。

我们可以在平台上进行效果评价的模式管理：平台上可以及时根据他人的评价进行留言跟帖，大家可以做进一步的交流，也便于教师看到大家的学习成果，从而提出一些优化建议。在此基础上，我们还可以进行更细化的评价内容管理：将教师和学生的评价，分开呈现，这样可以帮助学生进行分类、比较、综合、应用，结合自己的研究进行实践方案的优化设计。

4. 在线互动的组织

综合实践活动课程的在线交流因为是时时的，所以大家可以根据自己的时间，在网络平台的留言板块针对自身研究的问题，或者对于他人的活动评价进行留言。考虑到学校参与进来的学生和教师人数会很多，那么怎样快速找到对自己实践活动有帮助的留言呢？我们在平台中增加信息检索的功能，只要输入关键词就可以快速地找到相关信息。另外，还通过小组成员建立的微信、QQ 群进行在线交流。在高效交流的基础上我们还需要注意平台的使用规范，凡是在留言板发布的信息是要与综合实践活动有关的，对于一些无效或者错误的观点，后台管理员可以进行及时的删除，避免影响大家的正常使用，从而让自主学习型平台更加高效且规范。

网络平台为学生打开了利用互联网学习之门，有助于培养他们借助海量数字资源开展自主探究的能力，提高信息搜集、整理、分析、运用等素养。这恰是在“互联网 +”时代的重要学习内容。如何利用网络平台发展学生信息素养，有待我们进一步研究、挖掘。

本文撰写：南京师范大学附属中学新城小学南校　马晓寅

数字时代的网络博物馆

博物馆作为文化的聚集地，展品内容丰富多样，是非常好的课程资源。随着现代互联网飞速发展，发达的网络为博物馆的社会教育功能提供了一个新时代契机。使用数字化技术转化，将资源通过远程教育的方式传播，最大程度地发挥博物馆文化资源的价值，这也为学校的课程建设带来了契机。

南京博物院坐落于紫金山南麓，是国内领先的大型综合类博物馆。南京博物院在新时代迎来了新变化，他们推出了自己的网络博物馆——“南博在线”，让学生足不出户便可以享受博物馆的文化熏陶和文化教育。学校利用这些免费的教育资源，可以从历史文化、科技发展、传承创新三个角度开展项目活动，构筑有层次的、有滋味的、无边界的综合实践活动课程，全面提高学生的综合素质。

发现与辨识

走进网络博物馆

随着我国经济的发展以及文化建设步伐的加快，博物馆资源对社会大众的教育层面逐渐扩大，其对学校教育的影响也在逐渐地加深。博物馆作为集收藏、科研、教育多个功能为一体的社会文化机构，是开展校外文化活动的重要资源。学校借助博物馆不仅可以使学生感受古老文物的魅力，得到传统文化的熏陶，还可以使学生拓展课外知识，丰富学习方式，弥补学校教育的不足。

伴随大数据、物联网、云计算等技术的逐渐发展，除了定期组织学生到博物馆中参观展览，虚拟的数字化网络博物馆也为学生提供了更快捷方便的学习通道。网络博物馆是以全面透彻的感知、宽带泛在的互联、智能融合的应用为特征的新型博物馆形态，实现了博物馆资源的“物、人、数据”多元信息的动态双向传递。网络博物馆摒弃了传统博物馆以文物收藏为核心的传统观念，而是与文化知识的传播相结合，在收藏和展览的同时，将观众与文物藏品联结起来，产生人与物之间的精神交流，成为传统博物馆的时间和空间延伸。它以历史为依据，以科技为手段，以开放为目的，让博物馆的文化传播变得更加具有正式性和体验性。

打开网页，穿过时光隧道，青铜、玉石、陶瓷、漆器、书画、印玺、金银器皿、竹木牙角、丝织刺绣、碑刻造像等文物品类一应俱全，从数十万年前的旧石器时代，走过唐、宋、元、明、清，直到民国，时间飞逝，万物沧桑，每一品种自成历史系列，是数千年中华文明历史发展最为直接的见证，让大家在获得知识的同时也提高了审美能力。此外，“扬州八怪”“吴门画派”“金陵画派”以及傅抱石、陈之佛等大家的书画藏品也成组、成系，呈现着中国南方典型水乡文化和江苏古代物质文化、精神文化的多样性、丰富性和独创性。穿越千年的文物用不同风格的艺术表现形式，展现中华文化对美的追求和处世态度。每一件文物承载的深厚历史和文化脉络，都是我们学习和研究的对象，都是学生拓展延伸的机遇。

依托“南博在线”的优质课程资源，打破时间与空间的局限，借助视频展示、图片展示、文字说明以及网络互动等方式，从促进学生实践能力的提高和个性发展的角度进行课程设计，可以调动学生小学阶段的全学科知识，结合学生内在需要，带领学生探索博物馆珍贵文物背后的故事，探索、传承千年的美德、态度、诚信和责任精神，体验一个从认知到认同再到归属感和自豪感的价值建构过程。使学生在学校接受素质教育的同时，也能在网络博物馆中扩展视野，不断地激发他们的学习兴趣，消化丰富知识，树立实证思维，培养出追求真实的态度和深入探究的能力，进而使综合素养全面提升。

挖掘与重组

文物背后的传承与创新

“提倡科学研究，辅助公众教育，以适当之陈列展览，图智识之增进”，南京博物院以此为宗旨，在网络环境下以网络博物馆的形式，通过电子图片、视频、文字等展示陈列品。器皿、绘画、书法等不同类型文物，从传统意义的陈列演变为网络化，共享人类曾经和正在创造着的优秀资源，通过即时交流、在线咨询、视听演示等专用模块，可以让学生足不出户，在互动中体会中华传统文化精髓，是学校教育的延伸和扩展，对学校综合实践课程开展具有十分重要的促进作用。

1. 挖掘：课程资源的极富空间

当前学生的知识主要获得渠道就是教材和课外读物，这些知识是点状的、分散的、条目式的，而博物馆的陈列，图文并茂，展示的是我国丰富的人文和历史资源，对某一主题的陈列往往是前后联系的，比较完整、相对系统的，比如南京博物院的金陵剪纸、扬州雕版印刷、宜兴紫砂、秦淮灯彩、南京金箔、纸鸢等非遗传承项目；木偶剧、杂技、南京白局、苏州评弹等展演项目，让同学们更深入地了解江苏、熟悉江苏，领略江苏灿烂的古代文明。但是单纯的文物展，除了时间和空间的局限外，能够提供的信息量是非常有限的，短暂的参观过程，很难让学生心中留痕，更难以确定兴趣点和探究的方向，往往演变成走马观花。网络博物馆通过博物馆网站、官方微博、公众号、各种智能系统，提供给学校的参考资料的范围很广，如藏品信息、业务活动、研究动态、图片、录像或幻灯片等，对这些信息和资料的加工整理过程，可以很好地促进学生的综合发展。使用网络博物馆的在线学习，参观珍贵的历史照片、查阅丰富而翔实的文物资料、听取生动的讲解，是对原有知识的补充，进而拓展学生的视野。馆中天文地理、人文历史、文学艺术、饮食服饰等品类丰富完整，学生可以在知识的海洋里尽情遨游，并找到自己最感兴趣的挖掘点，进行更直观、深入的了解，自然而然收获成就感，激发学习的动力，生发对祖国灿烂文化的骄傲和自豪感。

2. 多元：激活个性学习的需求

现今随着社会的发展以及对人才要求的提高，学校加强对学生的全面教育成为必然。学校内的课程虽强调创新能力的培养，但受限于教学时间和教学内容，难免制约学生个性的发展和创新能力的萌发。博物馆资源的引入，可以激发个人潜能，充分发挥个性和能动性。

除了南京博物院的网络博物馆，南京的中国科学院古生物博物馆、六朝博物馆等，皆有网络资源推出。这些网络博物馆，可以通过丰富多彩的形式演示各种事物的发展过程，比如生物的进化，新旧社会的更替，生产工具的改造创新，实物展示来自前沿科技的各种发明创造，等等。它们除了传播专业知识外，还可以普及科学精神、科学思维和科学方法，这样的环境最能激发创新意识的萌芽。

兴趣是人们探索某种事物和某项活动的心理倾向，是重要的心理动力，也是培养创新人才的关键。兴趣的培养需要一定的环境和实物的碰撞，网络博物馆里有奇妙的历史文物、精美的展品、迷人的标本、神秘的游戏、有趣的实验，还有航空航天、生物化学、电子信息、考古探险等，以及各领域的研究成果和杰出人物的介绍，这些都是提高学生兴趣的最佳环境，推动他们去认识事物、探索真理，让他们自主选择最感兴趣的内容，确立奋斗的目标，深入地进行学习研究，开启理想的大门，强化责任的担当。

通过博物馆资源，让学生了解课本以外的知识，学习中国优秀的传统文化，调动自主学习的积极性。通过博物馆资源，帮助他们认识到我们今天享受到的现代物质文明，都是在前人的基础上创造发明的。让学生知道，作为新时代的一员，就应该在现有的基础上勇于创造，不断前行。例如：四大发明之一的司南，中国古代先民制作出这种仪器用来辨别方向，使用的材料是天然磁体，反映出中国古代劳动人民在长期的实践中，很早就接触了磁铁矿，开始了对磁体的认识，发现了天然磁铁的吸铁性及指方向性，并用磁石进行了发明和应用，在实践中改造出指南针。指南针在航海上的应用，促进了地理大发现和海上贸易，对人类的科学技术和文明的发展起到了不可估量的作用。而今天，我们中国人已经自主研制了更为先进的全球卫星导航系统——北斗卫星导航系统，“北斗”已经不仅仅是指引方向那么简单，它可以为全球用户提供全天候、全天时、高精度的定位、导航和授时服务，是国家重要空间基础设施。通过博物馆资源，让学生感受从司南到指南针再到北斗全球卫星导航系统，中国人不断探索的历程，进而树立民族自豪感，激发他们勇于创新的责任感。

博物馆所收藏的高质量资源作为品德教育的重要载体和内容，其展现出的传统文化的魅力和丰富的艺术表现形式，可以在一定程度上净化学生的心灵，纯洁学生的思想，使他们在生活和学习中追求美、表现美以及创造美，提高思想境界，形成理性思维、批判质疑和勇于探索的精神，进而成长为有责任有担当的新时代公民。

运用与活化

网络博物馆课程

学校可以从文化、综合、开放的角度，进行网络博物馆资源的探究与开发工作，带领学生在文化传承与探究实践中增长见识，培养能力。

1. 触摸历史：感知文化的魅力

网络博物馆与实地参观不同，有着很大的优势。任何人可以在任何时间、任何地点通过网络来学习，得到知识，打破时间的壁垒，在时空上超越教材、课堂和学校的边界。一件一件地参观，细细品味它的历史，按照某种历史脉络呈现一个完整的信息链条。比如，南京博物院的“长江下游五千年文明展”就是让文物“活”起来，让文物会“说话”，让文物传递中华民族代代相传的思维方式、价值观念和行为准则。让学生在与历史时空的对话中，活跃思维，开阔眼界，体验真实的学习和表达个性的创意，感悟文化的魅力，增强文化自信，传承和落实中华优秀传统文化。

2. 主题探究：打破学科的边界

网络博物馆资源涵盖了语文、数学、科学、美术、音乐、体育等各门学科。在课程实施过程中打破学科边界，以主题探究的方式，基于对文物的历史典故、用途用法、制作工艺的了解来重新解读，从而获得对文物更深的认识。可以先通过观察描述，提取文物上的有效信息，提出相应的问题，并提出大胆猜想；再通过搜集信息、分析对比、实验研究、数据整理等学习过程，给出合理的、科学的解释，从而更加全面地认识融汇在文物之中的艺术内涵、文化内涵、思想内涵、精神内涵等信息。

3. 丰富开放：创设深研的机会

网络博物馆是开放的，数字化技术的使用迎合了大众需求，将网络作为一个中介工具，将博物馆丰富的文化资源进行整理、加工后传播，通过网络实现和学生零距离的交流。展品背后所承载的文化信息丰富之极，学生可以根据学习主题选择性调用，学习中所用到的信息与资源也是开放的，从而让学习更加充实；学习的交流对象也相对开放，这里的学习伙伴从教室里单一的同学，发展为教师、讲解员、父母等，甚至是文物本身，学生在多重对话中逐步构建对文化的完整认知，脱离了束缚，释放天性，学习就会真实地发生。

比如，纸鸢这个人类最早的飞行器，网络博物馆中就有着丰富的信息资源，围绕这些资源可以打造形式多样的实践活动。可以追溯历史，它的发源地在中国，距今已有2000多年的历史了，巧匠鲁班“削竹为鹊，成而飞之”，就是风筝的前身；可以链接文化，唐诗宋词中不乏描写初春放飞纸鸢的名句，阅读、摘抄、吟诵，开展主题诵读活动；可以探索科学奥秘，分析结构，串式、板式、立体……各种类型的风筝，了解它们的区别和飞行特点，分析骨架结构，尝试如何扎出轻便结实的骨架；可以与“美”同行，按照形状和风俗制作纸鸢，思考适合什么样的画面，调动学生多学科的知识联动，才能画好蒙面，糊好风筝；还可以从纸鸢拓展到各种飞行器，即使无人机盛行的今天，风筝也依然活跃在娱乐、气象、测绘、军事、能源等领域，继续对科学技术的发展产生着深刻的影响，这便是围绕纸鸢的创新。通过纸鸢学习民族智慧、民族艺术等丰富的内容，培养分析问题、解决问题的能力以及大胆质疑和勇于探索的精神。

联结与管理

让网络博物馆资源“活”起来

网络博物馆资源内容丰富。我们要根据学生年龄特点、认知及心理发展水平，分别运用不同的教学方式，组织完成不同的学习活动。

运用网络博物馆，要注重线上探索与线下体验相结合。随着实践过程的需要，让网络上的参观与实境参观有机结合。知识储备和学习能力不足的，可以浸润其中，观察、识记、体验，以感受式学习为主。之后从被动学习向主动学习转变，培养思维能力和学习兴趣，在实践中认识事物，认知理解知识内容，注重启发、思考、实践。逻辑思维逐渐加强后，确定探究主题，组建活动小组，重点放在知识拓展学习、自学能力培养上，发展动手做、实验、探究、设计、创作、反思等主观能动性，构筑有层次的综合实践活动课堂。

现在，越来越多的场馆为使其文化资源被更多中小学生所知晓、喜爱，让博物馆走进学校就使线上学习和线下体验有了更好的结合点。例如，南京市岱山实验小学与南京市民俗博物馆进行“非遗课堂”的合作，国家、省、市级非遗项目的代表性传承人前往岱山实验小学，走进课堂，教授学生空竹、中国结、剪纸、风筝等项目的制作、演示技巧，体验式的活动让同学们都爱上了这些中国传统文化项目，让更多孩子了解到非遗的博大精深。南京市秦淮区教育局在地方课程建设中，着力挖掘“一馆一主题”的课程资源，利用博物馆资源让学生亲历多元的文化探索。例如，南京市建邺路小学将蚕桑课堂搬到了江南丝绸文化博物馆，缫丝、画蚕茧画、染色……以“融趣·育人”为主题的“美丽蜕变蚕宝宝”蚕桑综合实践活动课程，让学生观察蚕在生命成长过程中的蜕变，了解到劳动的艰辛，从而产生对劳动者和生命的尊重与热爱。

网络博物馆资源是重要的课程资源，但至今这一资源还是存在部分专业性过重、创新性不足、趣味性不够的表现形式和教育形式，使学生在学习探索的过程中可能感到困难、枯燥、无味。学校在开发利用时，要充分利用其实物性、直观性、广博性、情境性和开放性的特点来研发综合实践活动课程，寻找并挖掘与学生学习相关的、有价值的主题，突出重点，确定一到两项活动任务，构建创新的教育内容和形式，将一些专业性以及枯燥性的教育内容进行课程化改造，要特别关注课程的互动性、参与性、趣味性、长效性，在学生体验、体悟、体认的活动过程中构筑有滋味的综合实践活动课堂。

开发网络博物馆课程，要基于开放的思路，完全打破学科概念，让每一个学习主题都是多学科的融合，每一个教学设计都是跨学科的实施。

鼓励学生以问题为导向，大胆猜想与质询，在求证中不断探究，多角度观察、多维度思考、多形式研究，充分调用各学科已有知识，在互动与对话中，以历史为线索，以文物为载体，不断探寻新知，强化科技、艺术、道德等方面的整合，从低年段的简单观察到高年段的问题解决，不断地向纵深发展。让学习在相同的起点开始，邂逅课程内容之外的兴趣点，走向不同的成长点，从而主动建构对世界的认知，构筑无边界的综合实践活动课堂。

在社会的发展中，加强文化教育建设，尤其是课外知识的拓展对于学生全面发展有着重要的作用。网络博物馆以网络为纽带，加快文化的传播速度，充分发挥文物的社会教育功能，提供知识、教育和欣赏，将文物“用”起来，让历史“活”起来，折射出一个城市、一个地域、一个国家的精神文化厚度，必将成为终身学习的“综合实践活动课堂”。

本文撰写：江苏省南京市六合实验小学　陈延飞

第七章

打开视界看资源

我们所需要的是儿童整个的身体和整个的心灵来到学校，并以更圆满发展的心灵和甚至更健全的身体离开学校。

——约翰·杜威

时空新样态

——江苏省南京市拉萨路小学学程周课程资源开发案例

学程周是拉萨路小学对国家综合实践活动课程的校本化创新实施。根据国家《义务教育课程设置实验方案》，每学期集中一周的学时，统整综合课程和学科课程的育人目标与内容要求，指向儿童完整成长的探究主题的设计，引导儿童回到知识发生的真实情境，亲历知识发生和应用的过程，努力呈现学习与生活的连接、与自然的连接、与社会的连接，创生国家课程优化的实施方式，整体育人，活动育人，形成面向未来的儿童学习新形态。

学程周通过国家综合实践活动课程的校本实施，创造了一种以时空重组为主要特征的儿童学习新形态，带来了课程资源理念的更新，课程资源不再只是学科的教科书，不再只是与教科书配套的教辅用具，凡是能够促进学生成长与发展的活动，能开发与利用的所有因素都是课程资源。伴随着学程周实践的开展和深化，课程资源开发与运用是一个又一个鲜活的创造。

发现与辨识

课程资源方案的研制与落实

学校成立学程周课程研发中心，制订了《南京市拉萨路小学学程周课程资源建设方案》，对课程资源的开发和利用做了整体规划和顶层设计。课程资源建设方案明确了课程资源为“慧学、慧玩、慧生活”的学校育人愿景服务的根本宗旨，坚持“育人为先、适切优质、开放共享”的三大原则，提出了“育人价值的目的性、内在逻辑的一致性、开发利用的可行性”等发现与辨识课程资源的依据与标准。方案的具体内容包括导言、建设背景、建设内容、建设策略和保障措施五大部分，真正成为学程周课程资源建设的行动指南。其中，在课程资源建设方案中特别强调建立课程资源的分类框架。本着有利于学程周的实施，主要围绕着学程周的主题这一维度进行分类，分为基础性课程资源和个性化课程资源。基础性课程资源是不同主题的学程周实施中都需要的，比如书店、图书馆、学习单等；个性化课程资源只是某一主题的学程周所需要的，如桂花鸭集团课程基地、谷歌体验中心等。

课程资源建设方案的制订是学校课程规划的重要组成部分。每一所学校的校情不同，所处的地理位置不同，周边的地缘资源有差异，课程资源建设方案的制订需要因校制宜，从制约学校发展的课程资源的现实问题出发，引进课程专家等专业人士的力量，形成科学的校本化的课程资源建设方案。

课程资源协商会议是学程周实施前的一段时间（往往一个月左右），旨在系统规划课程资源，由教师、家长和社会专业人士多方参与的多种类型、持续协商的会议机制。学程周的课程资源协商会议分为三种类型：级部教师协商，教师、家长和社会专业人士多方协商，班际班内教师协商。以六年级“大梦想家”学程周为例，首先进行的是级部教师协商，主要是讨论形成“大梦想家”学程周课程资源的具体方案，包括课程资源清单及其分工、不同课程资源的开发流程等；其次是教师、家长和社会专业人士多方协商，讨论并完善课程资源方案，落实具体方案中的场地资源、学习工具等；最后是班际班内教师的协商，班际协商主要是对同一主题的两个或多个班级的资源使用的协调，班内协商旨在形成每个班级资源的个性化方案。实际上，课程资源建设是任何一所学校在实施综合实践活动课程时都会遇到的现实问题。如果开发综合实践活动课程资源时没有充分考虑建立多方协商的机制，通过多方参加的会议等协调推进课程资源的建设，就会出现学生的需要得不到满足的局面。学程周的课程资源协商会议也不是一开始就有的，而是在应对资源建设的现实挑战中创生的，是在学程周实施过程中逐渐形成的。协商会议要由多方代表参加，尤其是那些需要直接使用资源的人参加。

此外，在当前综合实践活动课程实施的背景下，课程资源面临的主要问题不是从无到有的建设，而是怎样培育教师的课程资源意识，转变课程资源观念，提升课程资源辨识的能力，从而把以前没有认识到的课程资源纳入综合实践活动课程实施中来。

挖掘与重组

学习新样态下的资源统整

从学生学习需要和学校实际校情出发，根据《指导纲要》整合课程学习的时间资源，重整儿童学习的内容资源，配置儿童学习的场地资源，培育资源开发的多元主体支持儿童综合实践活动课程学习。

1. 整合课程学习的时间资源

（1）集中使用时间。教育部2017年印发的《指导纲要》指出，综合实践活动课程的课时安排，“小学1—2年级，平均每周不少于1课时；小学3—6年级和初中，平均每周不少于2课时”。根据《指导纲要》和区教育局的小学课程实施纲要，学校每周安排综合实践活动课2课时，一学期共36课时。

学程周把原来分散在每一周的时间集中起来使用，创造了以“周”为时间单位的课程形态，使学生拥有充分体验、实践的时间；一个级部的老师在一周时间内不上传统意义上的学科课程，就有了充分的时间和精力投入到综合实践活动课程的备课与教学中，确保了教学的实际效果。

“周”为单位的时间安排只是时间资源创新使用的一种可能，根据《指导纲要》的学习时间要求，不同的学校可以在已有的综合实践活动课程校本化实施的基础上，探索不同的时间使用方式。

（2）课时课段结合。理想的学校时间安排要能够支持学生不同类型的学习活动。学程周中，除了传统的 1 节课 40 分钟左右的课时外，还引入了课段的设计安排，可以是 2 课时为 1 课段，也可以 3 课时甚至整个半天为 1 课段，课时课段为学而设，因需而设。以四年级“读城”学程周的课表为例（表 7–1）。

表 7–1 四年级“读城”学程周课表

	星期一	星期二	星期三	星期四	星期五
上午	1. 项目解读 我的南京我的城 2. 自选课程 3. 项目分工 小组研究	1. 考察探究一 建筑组： 中华门瓮城 民俗组： 江宁织造博物馆 艺术组： 南京白局艺术馆 名人组： 名人故居 美食组： 南京桂花鸭（集团）有限公司	2. 考察探究二 建筑组： 颐和路公馆区 民俗组： 甘熙故居 艺术组： 南京云锦博物馆 名人组： 名人故居 美食组： 南京老字号	1. 研究报告指导《城砖上的研究报告》 2. 分组完成微型研究报告	1. 微型研究报告分享会 2. 走廊博物馆讲解词练习
下午	1. 阅读指导 如何搜索信息 2. 阅读实践 分组前往图书馆和书店搜索信息			1. 走廊博物馆策展指导课 2. 各小组动手制作走廊博物馆展品	走廊博物馆开展

从表中可以看出，学程周的时间安排与平时学科课程有明显的不同。首先，以课段安排为主，占到了一周时间的 80% 以上，辅以少量的课时安排，比如周一下午一个课段两课时的“信息检索”，周二和周三的“考察探究”；其次，不到 20% 的课时安排也不是独立割裂的，而是组成了一

个个学习模块，比如周一下午 40 分钟的“阅读指导”和周四上午的“研究报告指导”。

当学生的课表根据不同的学习内容和学习方式可以动态调整时，学习时间才会更有弹性，儿童的深度学习才可能真正发生。

2. 重整儿童学习的内容资源

（1）设计学习主题。学程周整体规划，基于“慧学、慧玩、慧生活”的学校培养目标，从“亲近自然”“认识社会”“触摸历史”“学会生活”四个维度研发了学程周课程内容（表 7–2）。

表 7–2　学程周课程学习主题表

年级	第一学期	第二学期	年级	第一学期	第二学期
一	我是小学生	望星空	二	池塘秋语	春日生长
三	世界，你好	成长体验	四	读城	非遗
五	农业物语	工业 4.0	六	为了和平	大梦想家

每一个学习主题都包含了考察探究、社会服务、设计制作、职业体验等多种类型的活动；每一个学习主题都植入了国家学科教材的内容和能力要点，并充分用好综合实践活动课程的教材，实现学科内外的融通。

每一所学校在确定综合实践活动课程的学习主题时，可以从不同的角度去思考。学程周学习主题的生成途径也是多元的，有的是对已有校本课程的传承、完善与创新，如“我是小学生”“成长体验”等；有的是对学校周边乃至南京地方课程资源的新挖掘和开发，如“读城”“非遗”等；还有的是梳理国家课程内容中发现的留白，如“工业 4.0”“世界，你好”等。只有从不同的途径、不同的方面综合、系统地考虑学习主题的组成，才能更好地提升学生的综合素养。

（2）融合教材资源。学程周是以学生生活中的真实问题（或明晰的任务）为核心，让学生在捕捉、分析与解决真实情境中的问题的过程中激活并运用学科知识和生活经验，使其各方面的知识经验在生活的真实问题分析与解决中获得有意义的关联、组合。因此，它的学习内容与学科课程不同，主要是在“做”中学，综合运用学科知识解决生活情境中遇到的真实问题。

以“工业 4.0”学程周为例，老师们紧扣主题，根据学生的认知水平，重组教材中语文、数学、信息、科学等教学内容，联络了中国（上海）工业设计博物馆和南京的大型工厂、大学实验室等 10 多个现场实践基地，安排了一周的课程内容资源。

融合教材资源的过程中，需要以立体化的复杂思维设计学习的内容，既要有横向的关联，也要有纵向的梯度；既要有体现现代科技发展的最新成果，也要有历史的经典与积淀；既要有身在其中的成长体验，也要有面向未来的愿景想象。

3. 配置儿童学习的场地资源

《指导纲要》指出，要“面向学生完整的生活世界，引导学生从日常学习生活、社会生活或与大自然的接触中”“获得关于自我、社会、自然的真实体验”“学校要给予学生广阔的探究时空环境，……拓展学生的活动空间与学习场域”。场地资源是否充足以及其品质高低，直接影响学生综合学习的成效。

学程周倡导回到知识发生的现场，让学生亲历知识发生的过程。学生需要走出教室，走出校园，到广阔的大自然和社会中学习……学校改变资源开发思路，与社会企业合作，与场馆合作，建设支持儿童现场学习的场所。

（1）共建场馆资源。依据《课程与教学的基本原理》一书中的泰勒原理，课程资源开发分为课程目标资源开发、课程内容资源开发、组织学习经验资源开发和制订评价计划资源开发四个方面。共建场馆资源的过程中，主要包括与场馆共同确立学习的一个个次级小主题、课程化改造、学习方式选择和课程评价四部分。以“甘熙故居”为例，像以“雕刻时光”为名的木雕、竹雕活动等小主题的确定和学习情境的加工都依据故居的资源特色，课程评价以展示学生的作品为主。其中，最难协调也最为关键的是学习方式的选择。最初阶段学生以现场观摩为主，但学生的收获单一，后来与非遗大师等协商后不断改进，逐渐调整为“非遗文化专业讲解＋观摩大师技艺＋具身实践＋创意作品展示”，丰富的学习方式组合，多样的学习体验，让学习真正发生。

此外，学程周还与社会上专业化程度较高的学习中心携手，如“穿越部落”等，与他们一起为学生定制课程，开发学习的场地资源。

（2）挂牌课程基地。邀请社会企业共同建设课程基地，以社会机构、企业厂矿等已有的实验室、现代化生产车间为依托，首批建立了中国（上海）工业设计博物馆、中车南京浦镇车辆有限公司、南京古南都饭店、南京中山植物园、南京金龙客车制造有限公司、Google AdWords 江苏体验中心、熊猫电子集团有限公司等省内外 20 个学程周课程基地，形成了开发利用课程资源的新路径。

联系课程基地没有想象中的那么难。以“希望的田野上”为例，学程周级部会议中，一位老师提到了现代农业“云厨驿站”，大家周围都没有这家单位的家长和朋友，怎么办？百度一下，搜到客服热线，向对方自我介绍后，表达了想带学生去“云厨驿站”巴布洛生态园体验的想法。很快，企业文化部的经理就回复，可以安排 100 个左右的孩子参观生产线。其实，社会欢迎孩子们的实践，许多现代企业有社会责任感，有教育的情怀，企业也想通过做这样的文化共建来提升企业文化品质。

4. 培育资源开发的多元主体

课程资源开发的主体是多元的，主要包括学校、教师、学生、家长和社会专业人士等，他们共同组成了课程资源开发的主体群。

（1）发现课程资源开发多元主体。之所以用“发现”一词，是因为这些开发主体原本就存在，只是由于课程资源观念的狭窄，把其中很大一部分主体忽略了、遮掩了。伴随着资源观念的更新，需要重新发现这些资源开发主体。

教师在众多主体中起着主导性的作用，学生既是课程资源的消费者又是课程资源开发的关键主体，家长和社会专业人士不仅是课程资源的协同者还是共建者，大家共同组成了课程资源的多元主体群。在开发课程的实践中，不同主体都要遵循“主题学习—需求调查—自主申报—筛选立项—课程研发—实施改进”的流程，以保证课程资源的品质。比如，学生在学程周中开发出了“画图猜虫”“角色扮演”等“晓啦十八策”的研究策略，推介给全校的学习伙伴，丰富了学生的探究方式。再比如，在“非遗”学程周中，教师、家长和社会专业人士为学生定制了“南京话真来斯”“云锦美纹”“手上行走的艺术”等32门个人课程，供学生自由选择。

（2）开展课程资源建设主题研修。就如同前文已述的那样，教师的课程资源意识能力起着主导性的核心作用。教师不仅决定着课程资源的识别、捕捉、开发和利用，而且本身就是最主要的资源。因此，通过主题研修实现教师这一资源的发展来带动其他课程资源的建设，成为开发和利用课程资源的重要生长点，成为课程资源建设最为关键的内容。

学校建设学程周课程资源过程中，案例学习、情境学习和延伸学习相结合，教师的主题研修贯穿始终。开展案例学习，鼓励教师带着研修主题前往北京、上海、杭州等地现场考察学习伙伴学校资源利用的鲜活案例；进行情境学习，承办南京市综合实践活动课程现场会，在具体情境中专题研讨“互联网+”、具体学习等；延伸学习是用悟到的新资源理念解决校本问题，创造出学程周课程资源建设的新方案、新路径、新案例。

从学程周课程资源的建设中我们真切地体悟到，重视个体教师课程资源意识能力提升的同时，还要重视“育人共同体”团队的课程资源，即包括教师、家长、学生、社会人士在内的多元主体群体的课程资源。

运用与活化

重整课程学习资源

学程周强调“做”中学，学生通过探究、服务、制作、体验等经历真实的学习过程。围绕着学程的设计，学程周特别注重通过校园中学习空间的改造以及学习工具的设计，活化课程资源，综合运用课程资源，充分发挥其育人价值。

1. 打造学习空间资源

学习空间是身处其中的学生对话协商、合作交流、创意诞生的地方。学程周对于校园空间的改造目的在于为学生提供展示的平台，激发学习者的内在动力和学习潜能。每个主题的学程周都会利用已有的校园空间，根据学生现场学习的需要进行创造性的改造，打造成能够引发学生自主学习的空间环境。

（1）走廊博物馆。走廊博物馆就建在学校教学楼每个年级的走廊里，是由年级走廊改造而成的学程周学习空间。不同主题的学程周走廊博物馆呈现着浓浓的南京城市的个性化风格，如“读城”学程周，一走进教学楼就像穿行在历史文化厚重的南京城中，每个楼层被打造成南京不同时期的历史空间，不同色彩的地贴上有熟悉的老地名和古朴的街巷名，走廊中悬空飘拂的彩条上是中山陵等南京的地理和历史标识……

走廊博物馆不是简单的资料粘贴，不是一蹴而就的展台，而是在学程周开始前就搭建起来，并随着学生学习内容的深入而不断丰富。学生将他们在学程周中最深刻的记忆，以感言、图片、手抄报等形式留在了“博物馆”里。学校鼓励学生用图片、文字记录研究历程，制作自己的美篇首秀，完成项目研究单，撰写研究小报告，伙伴、家长、教师共同参与评价，甚至还用上了“问卷星”调查系统，来进行学程周实施效果的反馈。同学们的研究微报告、小论文，更成为博物馆的展馆之宝。

（2）嘉年华布展。学程周的嘉年华布展强调与现实世界中的工作环境、社会环境接轨，能够促使学生建立学习内容与真实世界的关系，并能主动、灵活地利用所学学科知识和技能分析、解决生活情境中的实际问题。

嘉年华布展由学校的大操场和一楼大厅改造而成，往往围绕着学程周的主题，年级整体设计与主题相吻合的工作与生活情境，划分不同的功能区域。以“农业嘉年华”为例，有“劳动号子”“农产品保鲜车间”“‘互联网+’现代农业”“秋日膳食营养搭配”等展区，学生在各自的模拟环境中进行职业体验等实践活动，创造出更加具有实践操作意义、更加接近真实世界的学习体验，保障学习者获得真实世界所需的各项技能。

2. 设计儿童学习工具资源

学程周中，为了真正促进学生理解复杂的学习任务，体验解决真实问题的过程，实现在复杂情境中能力的真实发展，需要师生共同设计学习工具。学习工具是有益于学生获取和处理信息、访谈调查、现场探究、解决问题，以具体的方法组织并表述理解和评价学习效果的中介。学程周的学习工具资源包括《学生手册》、年级学习方案等。

（1）设计《学生手册》。《学生手册》是学程周中学生学习、研究的导航与指南，包括学程目标、学程安排、学习（任务）单等。《学生手册》中每一个学程活动的背后都有一份细致的实施学案，包括学习步骤、注意要点等。例如，一份家长义工参与学程周的方案，就包括“告家长书”“家长义工参与街头调查方案”“家长委托书”“街头调查安排表”等。教师不仅设计学生的学程活动，还要考虑交通出行、用餐住宿、安全等，调动、利用一切资源为学生的现场学习服务。

（2）设计学习方案。比如，四年级第二学期“非遗”学程周的年级学习方案融合了活动主题、活动内容、学习方式和评价方式，是对年级学生课程学习的专业设计。“非遗”学程周主要设计了社会交往式、现场工作式、体验发现式、移动开放式和表现式等活动设计。以“现场工作式”活动设计方案为例（表 7–3）。

表 7–3 “现场工作式”活动设计方案

活动设计	活动主题	活动内容	学习方式	评价方式
现场工作式	“非遗”街头调查	1. 调查问卷设计 2. 口语交际 3. 统计调查结果	口语练习 现场教学	自评、组评、 路人评、老师评

此外，教师还要设计班级课程方案、“晓啦研究小组”学习方案、跨校际学习方案、学生现场调查活动等学习工具，为学生构筑智慧学习的通道。

联结与管理

形成课程资源开发的管理流程

围绕学习主题，每个学程周以驿站方式进行课程资源开发，形成了“确立主题—调查分析—确定标准—专业支持—资源制作—现场使用—资源完善”的管理流程。

确立主题，学程周课程资源开发小组围绕学程周的主题辨别课程资源，讨论课程资源范围和开发原则；调查分析，识别被忽视的资源，整理已有的资源，分析明确需要培育的资源；确定标准，拟定课程资源的相关要素及其相关的要求，以保障资源的品质；专业支持，前期选聘的“晓啦研究员”跟岗学习后上岗，同时，为教师团队提供课程资源研训主题菜单；教师制作课程资源；供学生现场使用；最后是根据学生的反馈进一步完善资源。

建构课程资源融合模块

如果说上述的管理流程是从纵向列举学程周课程资源的开发，那么，这一部分主要是从横向介绍课程资源之间的连接与融合。

学程周中，虽然学习的主题不同，但学生都需要经历“发现质疑—整合信息—现场探究—跨界体验—表现展示”的模块。围绕着这五大学习模块使用课程资源，让资源真正融合。以“读城”学程周的“发现质疑”模块学习为例，结合学习小组的任务，组合探究路线，绘制出一张张个性化的学习资源地图（表 7–4）。

表 7–4　“读城”学习资源地图

研究小组	学习资源地图
“金陵历史”研究小组	新华书店—南京博物院—六朝博物馆—南京总统府
“金陵民俗”研究小组	大众书局—南京博物院—马祥兴—夫子庙—江南贡院
“金陵名人”研究小组	金陵图书馆—中山陵—六朝博物馆—众名人故居
“金陵建筑”研究小组	南京图书馆—中华门瓮城—老门东—颐和路公馆区
“金陵艺术”研究小组	南京大学图书馆—南京白局剧场—云锦博物馆—老门东

从表中可以看出，综合实践活动课程学习的展开，如果能够对课程资源进行组合，让课程资源形成互补与支撑，就会取得“1+1>2”的效果，就是放大课程资源的学习效用。这也启发我们，进行课程资源管理时要运用整体思维，以求得课程资源的真正融合。

建设学程周课程资源库

学程周课程资源库是一个开放的、共享的虚拟空间范围，整合了与学程周相关的形式多样的课程资源。利用南京市智慧校园建设的契机，与相关技术公司合作，依托V校·智慧教育云平台的相关功能，逐渐形成了学校特色的个性资源库。

资源库按照学程周的儿童学习五大模块整合各种资源形态，包括师生手册、特色课程、基地场馆、学习方案等五大类十小项，呈现给师生和家长的不是简单的素材的堆积，而是真正意义上的学习主题的课程资源。

建立课程资源共享机制

1. 项目学习圈中互动研讨

随着学程周的儿童学习变革理念被更多伙伴学校认同，吸引了一批又一批学校的主动加入，已经形成了以“周”的时间单位改革儿童学习的项目学习圈。定期召开研讨会，分享课程资源建设等方面的经验、做法和方案，如每年一届的“江浙沪”教育联盟研讨活动、长三角地区网络教研活动等。

2. 利用社会平台资源共享

学程周课程研发中心主动与社会平台合作。比如，“童享阳光·一城一课公益课堂”项目由五方合作，包括共青团江苏省委、拉萨路小学学程周课程研发中心、社会知名企业、西部山区学校、非遗专业研究机构人员。“非遗”学程周的学习活动全部录制为电子资源，与西部山区学校及其师生共享。

在这样的资源共享机制中，由社会力量帮助学程周邀请非遗大师为学程周定制课程，学程周的课程资源品质卓越。同时，这些课程资源又在反哺社会中实现了其教育价值的最大化。

位于大城市市中心的小学往往受场地的局限，空间资源不足，那么如何开展学校的综合实践活动呢？拉萨路小学的学程周在学校层面全面落实综合实践活动课程，创新思路，开发了丰富的课程资源，提供了典型的经验。首先，变革要从管理开始，推动成立教师课程资源管理的专业机构，变行政领导为专业引领；其次，学校需要制订课程资源建设方案，对于课程资源的开发与运用有前瞻性的顶层设计，并在此基础上把课程资源基地与流动基地建设相结合；第三，打开学校的大门，激发教师作为课程资源主体的能动性，同时携手专家、家长等一起建设课程资源。从拉萨路小学的学程周创新实践中可以看出，只要坚持活动育人的理念，转变资源管理的思路，小空间也可以有大作为，也可以在创新实施国家综合实践活动课程中落实“立德树人”的根本任务！

本文撰写：江苏省南京市拉萨路小学　张怡文　杨东亚

学士小学的“第二校区”

以“书藏古今，港通天下”而闻名的浙江省宁波市鄞州新城区，坐落着学士小学。学校地处鄞州区的行政、金融、商贸和文教中心，拥有自己的办学愿景——一所看得见未来的学校。

为了培养顺应社会发展需要的人，学校需要为学生积蓄适应未来发展的能力，让学生能够有创新能力和思辨能力，彼此尊重、协同合作、周全思虑、有效学习，这将是未来人需要具备的软实力。

基于此，学士小学以“学思·融创”为核心指导思想，以特色课程体系——“融创课程体系”为载体，充分调动校园内外各方资源，开展课程资源整合实践，开创“第二校区”，通过学科、活动育人，培养健康、灵动、能创新的时代新人，推动综合实践活动课程的创新改革在学校落地生根。

发现与辨识

第二校区：社区里的学校

中国学生发展核心素养的六大素养之一——“自主发展”的第一条便是“学会学习”，它是各项素养能够有效发生的重要前提。学习是儿童的生长方式，我们应当尊重儿童，使我们的教育教学符合儿童的需要。而儿童的生长不仅仅指身体的生长，也指智慧的生长、心灵的生长。综合实践活动课程的开发、整合与实施，正是基于儿童“智慧生长”的需求而产生的。综合实践活动课程不仅应在课堂中进行，更需要走向校外，分析和研究地方、社区的背景与条件，充分挖掘地方自然、社会、经济、历史状况等方面的课程资源，以引导学生面向未来，全方位学习，在学习中获得生长。

依托学士小学独特的地理优势，充分发挥社区自然文化资源的教育价值，学校打开校门建构课程，活化教学，充分运用本地区各项文化、场馆资源，构建形成“六大学习社区”：鄞州公园学习社区、宁波博物馆学习社区、院士公园学习社区、宁波大学图书馆学习社区、高教园区学习社区、南部商务区学习社区。同时建立相应的家校委员会，整合人力和社区专业人员，提供多元化、丰富化、优质化课程发展素材，为儿童提供更加呼应社区文化需求的学习。

社会生活实践是综合实践活动课程的显性资源。社会是个大舞台，是一本取之不尽、用之不竭的活教材。学校的课程资源建设将突破校园的限制，联结学生与自然、社会以及个体生活，使校内外课程资源有效整合，让学校真正融入社区，让社区的文化来滋养孩子。如此，将综合实践活动课的课堂搬进社会，充分利用社会资源，让学生在社会大课堂中实实在在地了解社会，得到充分的感性认识，培养他们对社会的责任感以及团结、合作、交往、创新的能力和精神。教师也要创造机会，让孩子去体验、去感悟。

社区丰富学校，学校融入社区。

挖掘与重组

以开放的课程格局整合资源

综合实践活动课程资源具有多样性、丰富性，因而其课程资源开发与整合也是多元的。教师是资源开发的核心主体，学生是关键主体，学校是自然主体，家长和社会人士是积极支持者和帮助者，他们缺一不可，共同构成综合实践活动课程资源开发的主体群。

秉持着这一精神，从学士小学办学理念出发，学校充分挖掘校内外资源，整体规划，形成“1–6–e”办学格局，将校内校外、线上线下的资源建构成一个协同助力学生发展的资源系统。

所谓“1”，是指一个完整的学校理念系统。学校以“一所看得见未来的学校”为办学愿景，以“学而上行、惟志惟勤”为校训，树立了自己的育人目标——“做学习者，做创造者”，凝练出独具学校特色的两条新时代 DNA——“学思 • 融创”，以及四项新时代核心要素——“好奇心、主动性、包容心、合作性”。整个学校的课程规划，依托国家、地方、校本三级课程内容对课程安排实施统筹设计，课程架构追求从外部打破时间、空间、学科、人际的边界，从内部突破学生思维和学习方式的边界，以此实现学生对世界的整体认知和思考。

所谓“6”，是指充分利用“第二校区”资源，建立六大学习社区。我们对社区内的公园、博物馆、大学、商务区的实践学习机会进行细细梳理，与相关单位共建了六大学习社区，统称为学士小学的“第二校区”。在“第二校区”的实践活动，注重跨学科、跨领域，打破学科壁垒，穿越学科边界，每周将两个长课时用于实践活动，培养学生积极体验、主动探究、动手实践的学习能力。

所谓“e”，是指在线学习。基于“互联网 +”，教育的内容和形态不断被丰富，学生的实践活动在海量的数字资源支持下，能够走得更加广阔、深入。利用互联网打开儿童的视界，建立与世界的联系，其课程资源价值将越来越彰显。

运用与活化

“第二校区”为多元的实践学习助力

“学思 • 融创”在充分运用“第二校区”各项学习资源的基础上，打破学科壁垒，穿越学科边界，让资源切实落在学生学习方式的变化中，用在学习能力的提升中。

1. 跨学科联动，灵活运用“第二校区”资源

跨学科联动是实施融创课程的特点之一，如“树叶王国的小聚会”这一主题综合实践活动，多学科整合，开拓学习空间，走出校园，走进社会，运用鄞州公园学习社区得天独厚的自然资源开展实践。

树叶王国的小聚会

鄞州公园风光秀丽，景色宜人，是一个集旅游、康体、娱乐、科研于一体的综合性公园。园内草地遍布，树木繁多，资源丰富，是儿童亲近自然、探索自然、感悟自然的一方绝佳去处。融创课程以学士小学“第二校区”——鄞州公园为“教室”，突破课时限制，翻越学校围墙，整合学科内容，打破人际边界，让学生在广阔的天地间探究自然的奥秘。同时，围绕“秋天的树叶”这一主题，学校开展一系列丰富的活动，开放学生思维，创新学习方式，极大地拓展学生的学习视野，补充学生学习现行教材的知识容量，提升学生对于知识的综合运用能力，发展学生的好奇心、主动性、包容心和合作性，让师生体会别样的学习快乐。

在儿童的学习过程中，科学课利用自身学科特性，从科学角度让学生认识树叶，为后期标本制作做好准备；艺术课程从美术和音乐两块领域同时推进：美术课让学生为后期美术作品的展示做相关准备，音乐课教授有关树叶的歌曲；体育课利用一年级课程中游戏资源，安排团队游戏，根据融创课程分组情况，加强团队合作意识和能力；语文课找找有关树叶的小诗，读一读，甚至可以尝试创作；英语课用英语简单介绍一下树叶，感受它不同语言的称呼。

2. 情境融入，“第二校区”推动“学思·融创”

“小虫虫大世界”主题单元涉及学校的四大领域，即人文社会、自然科学、艺术审美和身心健康，包括语文、数学、英语、科学、音乐、美术、戏剧和体育等多个学科的多种经验的活动。设计的目的在于促进和激励学生亲近自然、感受自然，并对鄞州区常见的昆虫有一定的认识，知道常见的虫子有什么样的生活习性以及特点，了解虫子和大自然的关系，在和虫子交流的过程中爱上大自然。该主题单元实施过程至少需要4个星期，共计8个长课时，其中按照学习场景不同分别包含在校课程3课时、家里课程1课时和院士公园课程4课时。学习空间涵盖学校、家庭、院士公园，其中家庭与院士公园更是占据5课时之多，可见“第二校区”资源的整合与开发大大推动了学校“学思·融创”课时体系的落地。

为形象展现在本主题单元的课程中涉及学科内容及其重要性和作用，我们设计了一个概要图（图7–1），集中地描述了不同学科的整合关系。

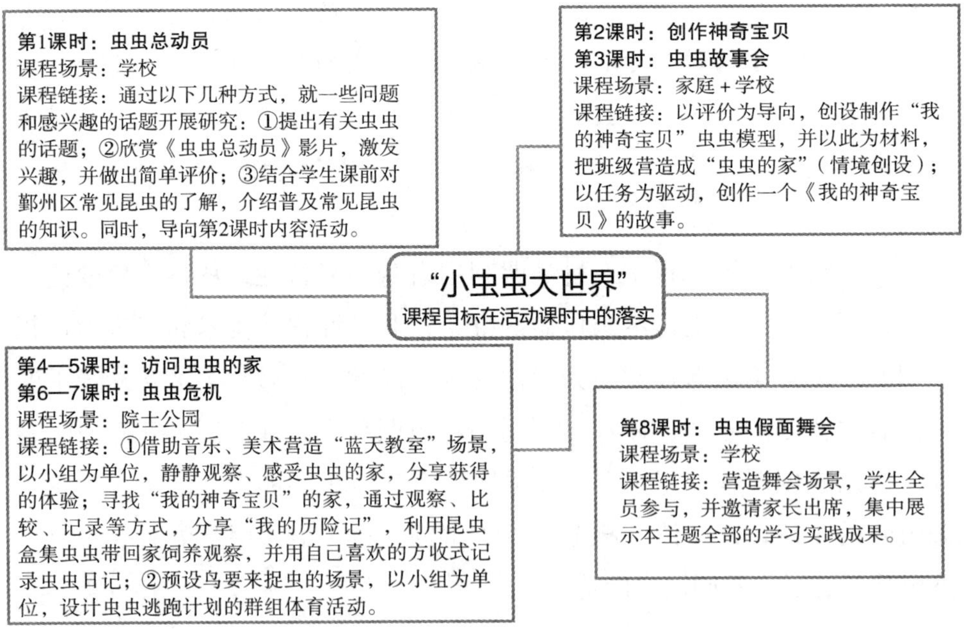

图7–1 “小虫虫大世界”主题单元活动概要图

如何支持这个单元的教学？教师应在教室创设环境，这个环境应包括虫虫模型、虫虫音乐、海报、特定活动需要穿着的服饰以及关于虫虫的图书。利用学生在第1课时“虫虫总动员”活动来设计，主要从四个方面来评价学生的学习：一是学生的活动参与度；二是学生的作品集，包括学习任务单；三是家长的评价；四是教师的实时记录评价。此外，鼓励学生通过自我评价和小组评价来评价自己的成就。

3.“第二校区”助力劳动教育

学士小学将劳动教育架构于学校整体发展愿景之中，让劳动教育厚植在“学思·融创”学校教育思想之中，将劳动教育作为培养学生的重要手段。

（1）融入劳动教育理念，丰富“学思·融创”内涵。学士小学劳动教育的开展要树立正确的理念，并将劳动教育理念和“学思·融创”内涵进行有机结合。具体来说，就是将崇尚劳动、尊重劳动的劳动教育理念融入“学思·融创”之中，让学生懂得劳动最光荣、劳动最崇高、劳动最伟大。同时基于“学思·融创”面向学生全面发展、面向学习思考深度综合、面向未来、面向育人等内涵，将劳动素养的内涵融入其中，丰富原来的“学思·融创”的课程愿景，从而让劳动教育的价值在拓展课程的开展中相互渗透、落地生根，培养儿童吃苦耐劳、克服困难、敢于拼搏的意志品质。

（2）为劳动教育助力，建设“学士工具博物馆”。劳动教育的有效开展离不开相关硬件的支持，通过建设新校舍为契机，充分发挥“第二校区”的各项区位资源优势建设“学士工具博物馆”，在一定程度上解决了劳动教育工具匮乏的问题。学士小学以工具为切入点，整合四大课程领域，博物馆一层为“学思·融创层”，二层为“自然科学层”，三层为“人文社会层”，四层为“艺术审美层”，五层为“身心健康层”。在功能上，体现“学士工具博物馆”的展示、宣教、体验、教学和实作功能；在内容上，应有从远古到未来、从农业到工业、从家庭到社会的工具科学史陈列；在使用上，与学科教学、科技创新学习（包括生活技能、STEM、创客等学习）相结合，建立基地、资源库和实践教室。学生在“学士工具博物馆”了解了很多工具的同时，对于这些工具如何使用也进行了实践，大大提升了他们的劳动素养。

（3）以三个场域为境，规划“小学士劳动力成长”课程。劳动教育不仅需要学校努力，也需要家庭以及社会的支持，所以说劳动教育的开展需要兼顾三个情境，即学校情境、家庭情境和社会情境，将原来在学校、家庭和社会上的服务性劳动规划为学生必经的体验性劳动、养成性劳动和创造性劳动。学士小学在“小学士劳动力成长”课程的规划方面努力让学校、家庭、社会共同参与，真正做到“第二校区”资源的合理规划与充分利用。在三个情境中，都有相应的成长课程，并且他们相互衔接，实现了劳动教育的顺利进行。

（4）以创意生活为脉，促进创造性劳动与问题解决。小学生正处于创造力培养的黄金阶段，因此需要牢牢抓住这一阶段，采取各种措施来提升学生创造力。学士小学以创意生活为脉络，以创造性劳动问题为导向，依托创客实践平台，积极开展各种创意劳动活动，从而让学生在不断地劳动中实现创造能力的培养。学校以自然课堂、第二课堂等为重要载体，结合小学生的相关学科知识内容，基于学生的各种生活体验，广泛开展一些创造性劳动。举例来说，学校充分利用“第二课堂”，利用好学士小学地处鄞州中心区，周边有丰富的人文设施，给学校“第二课堂”的课程实施提供良好的实践场所。再如，在一年级上册的科学课中就有认识树叶的教学内容，学校利用“鄞州公园学习社区”让学生自主劳动，实践课程的目标和内容。又如，一年级下册的美术课中有认识昆虫的教学内容，教师就把学生带到“院士公园学习社区”，让孩子们亲手翻土、扒草寻找昆虫的家。

（5）重劳动能力养成，构成劳动素养的阶梯评价体系。完善的评价体系对于劳动教育效果的提升具有非常重要的意义，劳动教育厚植在

“学思·融创”中并不简单，而要想实现劳动教育水平的提升更是难上加难。要重视对学生劳动素养的评价，构建阶梯评价体系，引导、敦促学生养成良好的劳动习惯、具备良好的劳动能力，这样才能够实现劳动教育目标。在评价体系构建方面，关键是要构成劳动素养的阶梯评价体系，对学生劳动素养进行一个全面的评价。

学士小学将劳动教育渗透于基础性课程中，让师生自主选取课程中生动、直观、本真的劳动素材，以小切入、细操作、乐接受的形式让狭义的劳动教育广义化，促使学生在身心愉悦的开放状态下走进课程、走近他人，自觉自悟自需地发展劳动能力，进而促进了学生德智体美劳全面发展，让立德树人落地生根。

由此，学士小学始终践行：让学校的每一门课程都为激活儿童的潜能而设置，促进每一个儿童成为学习者，成为创造者。

联结与管理

立足儿童发展，建构学习体系

综合实践活动课程本身服务于儿童的成长，必须尊重儿童的主体地位，充分关注学生的课程需求，只有了解儿童的多样化兴趣和真实需求，才能开发出适合孩子们成长的课程资源，这些课程资源才能真正促进学生的成长。因此，学士小学在综合实践活动课程的实施过程中，充分考虑学生的实际状况，利用区位优势因地制宜，选择适合学校的课程资源，让学生获得真实的成长，真正把儿童放在综合实践活动课程建设的中央。

学校成立课程管理委员会，下设学校综合保障中心、学校综合管理中心、学校综合评价中心，具体负责课程的理念、思路、章程、制度等工作以及实施过程、评价机制。通过课程监控小组，由顾问、理事会牵头负责，定期对课程进行调研、评价，从课程研究成果、实施情况、教师队伍建设、教学成果等若干方面，每学年不定时采取座谈会、问卷调查等方式了解各类课程实施情况，根据评价结果确定课程后续的调整方案。

课程的实施兼顾了师生的双向选择，并且依托课程教学中心、教师发展中心全程参与课程选课的指导、过程管理和评估分析。对于基础性教学而言，一是主动学习，面向真实问题重组教学内容，采用主动性、探究式、游戏化的学习方式，让学生在积极体验中学习知识、养成个性、培养能力；二是深度学习，促进思维的积极参与，让每个学生学习真正发生。而对于拓展性教学而言，则应努力做到：第一，营造学习社区；第二，推展无边界学习；第三，促进跨界学习。

学校在人文社会类、自然科学类、身心健康类、艺术审美类四大课程领域基础上，搭建“学思·融创”课程体系，建构小学士综合素质评价体系，期望以评价引领和驱动“做学习者，做创造者”目标的落地，促进学生在评价中发展。小学士综合素质评价体系主要分为成长课程评价、基础课程评价和拓展实践课程评价，与学校的“学思·融创”课程体系相契合。

经历运用多重资源，跨学科联动的课程建设，持续进行广泛的资源共享交流，多方力量帮助“第二校区”课程资源开发。同时，这些课程资源又在反哺社会中实现了“第二校区”教育价值的最大化，适应未来需要，让学习永无止境。

本文撰写：浙江省宁波市鄞州区学士小学　周培利

发现区域的力量

——江苏省南京市玄武区少年宫“做中学”儿童活动坊校外资源开发案例

江苏省南京市玄武区少年宫是一所综合性的校外教育机构，重视科技创新教育，强调学科融合，促进学生综合素养的全面发展。从“做中学”儿童活动坊到区域STEM资源中心的升级，集教学资源中心、教师培训基地、课程开发为一体。从专业的课程规划和开发入手，以主题活动、周末活动、送课程进学校等方式，开发并形成系列高质量综合实践活动课程，服务于全区各实验学校。

发现与辨识

从热点关注到焦点彰显

南京市玄武区少年宫是南京市最早建立的区级少年宫之一，2014年年底玄武区少年宫“做中学”儿童活动坊的理念成型，从课程资源的区域集聚来看，儿童活动坊的有效实施依赖于高层次、深内涵、重融合的资源。因此，在课程开发的过程中，如何着重发现、重组、运用、管理任何有利于促进学生发展的活动性资源，以有效的资源支撑促进课程目标落地，成为我们思考的问题。

首先，关注熟悉事物。随着科技的快速发展和生活水平的不断提升，与学生学习、生活、娱乐等相关的各类物品不断涌现，它们丰富了学生的生活，也吸引着学生的眼球。利用学生身边这些常见的事物来设计STEM课程开展活动，通过解决问题或任务的方法将科学、技术、工程和数学结合起来，将抽象的知识与学生实际生活之间建立起紧密的联系，自然是资源发现的应有意义。

其次，抓住兴趣要点。少年宫体验性科技活动没有教学大纲的束缚，有更大的自由性和更多的选择性，挑选更贴近学生生活、更前沿、更新奇的活动，让孩子接触在校园内可能接触不到或接触机会较少的有趣活动，采用互动式的基本组织形式，使他们既有参与真实生活的快乐，又有获得知识的成就感。

再次，研究热点问题。学生生活在充满各种信息的社会中，各种科技热点问题时有耳闻。在STEM教育中，适当引入一些科技热点问题的研究，会激发学生的学习兴趣，增强学生的社会责任感。

挖掘与重组

从活动坊升级到软资源效应

少年宫课程的初始建设思考，就极力强调“课程意识”和“整体建构”，从STEM教育的课程价值(强调能力立意)、课程框架（强调相对灵活性)、课程实施路径（强调可操作性)、课程案例研发（强调原创性)、课程资源建设（强调资料多样性)、课程评价改革（强调转变评价目标）等进行系统思考与研究，形成有校外特色的STEM教育课程开发与实践范式。

从学生学习需要和学校实际校情出发，根据《指导纲要》整合课程学习的时间资源，培育课程资源开发的多元主体，重整学生学习的内容资源，配置课程学习的场地资源，支持综合实践活动课程学习。

1. 设计内容网

（1）立根教材。STEM 教育的核心就是学科融合，强调对知识的应用和对学科之间关系的关注。一是从科学教材中寻找“工程”素材。儿童活动坊是一门综合性的实践活动课程，它针对学生身边的事物和现象，从不同的领域综合呈现科学知识和科学方法。其中蕴含着许多适合开展 STEM 研究的内容，教师应深入钻研教材，重点挖掘，帮助学生实现深层次的学习。二是梳理其他教材，寻找融合内容。

（2）寻求创新。对该活动课程的创新通过三个方面来实现。

第一，改变传统的活动项目，赋予 STEM 元素。在科技活动中，一些传统的活动项目由于内容单一、缺乏变化，活动难度较低、缺乏挑战，活动方法保守、缺乏创新而逐渐淡出学生选择范围。然而，有些活动项目细细推敲，也是开展 STEM 活动的合适素材。对于这样的一些科技活动项目，通过活动方案的再设计，把 STEM 元素融入其中，丰富活动内容，赋予它们新的活力，使它们从传统意义上的科技活动走向具有 STEM 特色的科技创新活动。

第二，立足生活实际，构建生活课程。STEM 教育强调关注现实问题，注重在完成“指向真实生活任务”的过程中，将学科知识转化为可解决实际问题的生活性知识，提升儿童适应社会生活的能力。因此，生活中一些与学生息息相关的事物、现象或热点问题，也是我们开展 STEM 教育研究的资源。我们只需对它们进行结构化的设计，使之成为研究项目，让学生在体验和完成项目研究的过程中，获得蕴含其中的多学科知识和技能，从而使 STEM 教育课程从课内走向课外，从课堂走向生活。

第三，搜集原有的活动项目，纳入体验课程。在小学原有的科技活动中，有一些活动项目本身就以研究内容新颖丰富、活动形式灵活多样、涉及的知识和技能比较全面、自主创新和自由发挥的空间大而深深吸引着广大师生。对于这样有一定基础的科技活动项目，可以直接进行改造，赋予 STEM 元素，为我们所用，如 VR 世界、遥控无人机等。

2. 打造行动区

儿童活动坊包含三间资源教室和一间学习讨论室。针对 6—18 岁不同年龄段学生的不同特点，可以进行采用购买、依据教材改编、与专业机构合作开发、自主开发等多种路径编制适合的、科学的课程内容。

目前，儿童活动坊已开设三大类特色课程：创意课程、生活课程、体验课程，每一类均下设多个子课程。它们以向全市师生提供优质的 STEM 教育的主题性学习空间为基本定位，以科学、技术、工程和数学相结合的 STEM 主题活动为主要实施内容（图 7-2）。

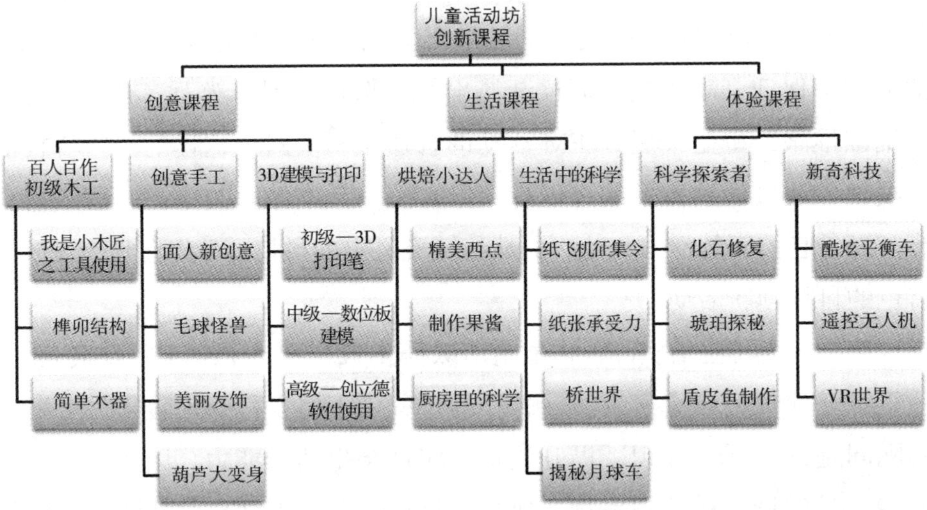

图 7-2 玄武区少年宫儿童活动坊创新课程内容概览

3. 配置人才链

除此以外，玄武区少年宫更加重视“软资源”的打造。因为少年宫内部工作人员专职较少，经过多方整合，打造了一个集指导专家、核心研究团队、志愿实验教师组成的专业共同体。

作为区域资源中心，玄武区少年宫培训了许多一线教师，推广了很多实用的课程，帮助这些教师在回到自己学校后能够迅速有效地开展科技教育活动，将影响面做到最大化。

运用与活化

从思维工具设计到弹性选择空间

从本质上讲，我们可以将发生在课堂之外的各种教育活动看作非正规环境下的教育，玄武区少年宫的活动就可以视为此种教育。非正规环境下的科学教育不仅能给学生提供丰富的认知冲突和社会互动机会，还能使他们建立起更加完善的知识结构，提高他们的科学论证能力。

1. 打通时间轴

区域资源中心将每年组织一次面向全区学生的 STEM 竞赛活动，并继续“玄武区青少年科技创新区长奖”评比，在推广普及的基础上，鼓励更多优秀学生的发展。我们希望用三年的时间，完善课程设置和工作机制，发挥资源中心的作用（表 7–5）。

表 7–5　玄武区少年宫“做中学”资源中心行动纲要目标一览表

行动	具体实施机制	
	短期	长期
加强专业队伍	1. 在相关学科教师选拔聘用时，关注优秀的志愿教师。 2. 组建以项目主题为核心的研究共同体。	1. 开发、测试并支持有效的师资培训工作，定期增加资助培训项目。 2. 鼓励高校教师、大学生、离退休人员等社会群体及科技、传媒等社会各界积极加入，发挥作用整合优势。

续表

行动	具体实施机制	
	短期	长期
改进教学	1. 形成具有自己特色的课程实施路径并推广。 2. 开设高层论坛，开展高规格学习与研讨，提供更专业、更严格的培训。	1. 对学生学习 STEM 预期成果进行跟踪监测。 2. 建设网络资源，与现有平台结合，提供 STEM 在线学习。
完善资源信息共享机制	1. 建立区域联盟，设立玄武共同体，做到教师、设备、资料、专家等共享。 2. 升级区域资源中心。	1. 建设专属区域活动坊。 2. 与高校研究机构合作，设立研究院，共同开发主题、培训师资，进行教育教学研究。
丰富青少年 STEM 经验	1. 结合区内不同学校校本特色研究综合实践活动课程，推送活动化课程。 2. 建立“STEM 学习研究社”，鼓励学生在非正式学习时间自主发现，自由研究、制造。 3. 积极推动和组织 STEM 普及活动及区域竞赛。	1. 提升玄武区青少年综合素质和创新能力。 2. 以培育面向未来的 STEM 综合性人才和相关从业者为目标，冲击更多高规格竞赛，争取更好成绩。

2. 设计工具包

融合，意味着在 STEM 教育中不再将重点放在某个特定学科或者过于关注学科界限，而是将重心放在特定问题上，强调利用科学、技术、工程、数学等相互关联的知识解决问题，实现跨越学科界限，从多学科知识应用的角度提高学生解决实际问题能力的目标。他们将此项目的研究定位为一种学习方式的变革，一种更有效的学习方式——理解学习如何与真实世界相联系，并提供有助于其更为彻底、深入地进行学习所必需的工具。

3. 调设自由档

玄武区少年宫儿童活动坊课程可以有比校内教育更多的项目形式和

项目内容，包括假期项目、俱乐部、志愿学习小组、任务项目小组等。该课程较之校内教育更加灵活机动，更偏向于自愿学习和主动学习，需要更多的亮点来吸引学生。因此，它以体验式活动为主要实施形式，以公益预约为主要操作方式，让孩子能在更多的选择和更大的空间里发现自己的兴趣点和增长点，发挥自己的潜能。同时，我们坚持多维评价制度，具体包括主体多元化、内容多维化、方法多样化，以激发学生自主学习能力及持续发展能力，促进学生全面发展。

联结与管理

从特色资源打磨到区域协作开发

1. 建立资源管理体系

在课程内容创生中，玄武区少年宫努力践行三个坚持：坚持以学生生活经验、以学校地域特色为出发点，开发符合学生特点的真实问题情境；坚持以开放创新为理念，将科学、工程技术、数学、艺术、社会历史等知识融入其中的多样化课程资源；坚持面向全体学生，开发跨学科、跨学段、打通课内外、打通校内外的区域连贯课程群，为不同潜质、不同水平、不同兴趣学生的发展提供个性化学习的机会。与此同时，建立课程资源管理数据库。根据实际情况，编制各种各样的“课程资源登记表”，把课程资源的类型、所有者、获取方式、开发动态和使用事项登记造表，分类存档，归口管理，以便查找和使用。

2. 促进资源不断更新

拓宽资源开发路径是保证优质资源不断补充更新的前提，但仅仅靠教师单方面的投入难免会出现视角单一的缺陷。因此，换位思考，另辟蹊径，从学习者的角度去挖掘新资源，充分考虑学生的学习需求，结合学生充满创造力的学习过程，给资源开发注入“新鲜血液”，是课程开发可以考虑的重要途径。

在资源开发中，还可以与全区中小学基地无缝对接，实现场馆共用、宫校一体，最大程度提高使用效率，让全区各类校园场馆免费对学生开放，吸引更多的学生利用课外时间积极投入到多样的科学探究活动中来。

3. 实现资源互惠共享

课程开发建设以建构主义学习理论、支架式学习理论、情境学习理论为基础，整合科学、数学、技术、工程的方法和解决问题的思路，旨在从解决问题的实践过程中提高学生的各种能力。能力内涵丰富，实际问题又没有封闭边界，只有给孩子提供更多的体验、更多的选择、更多的机会，才能让他们在自我实践的过程中自我发现，在自我发现的过程中自我实现。因此课程从初始建立，就要先有上位目标与框架结构，就要站在更新、更广的高度上。课程资源的性质和现状直接影响着学生的学习活动方式，从某种意义上可以说，课程资源的开发决定着学生在教育活动中的生活方式或生存方式。

学校周边都有一个客观环境，要开发这些具有地方特色的条件性课程资源，可以采用建立社区经验基地的方法，实现社区资源共享，让这些宝贵的课程资源长久地为学生服务。开发校外课程资源不仅需要学校和广大教育工作者的不懈努力，还需要社会各界的关心与支持。要建立和健全地方课程资源开发组织网络，形成区域内课程资源开发的协作机制。既要强调注重个性化和创造性开发，又要对课程资源的开发提出总体的原则要求、科学的操作方法和常用的载体形式，以便学校教师少走弯路，提高效率。经过几年大胆实践，玄武区少年宫 STEM 教育逐步形成了“校内嵌入型”“校内融通型”“校外预约型”“校外公益型”四种有效路径。其中，儿童活动坊和区域资源中心主要承担“校外预约型”“校外公益型”两种任务类型。建立区域 STEM 资源中心，实现区域联盟，设立“玄武共同体”，做到教师、设备、资料、专家等共享。

在综合实践活动课程的实施中，地方教育行政部门要加强实践基地建设，强化资源统筹管理，建立健全校内外综合实践活动课程资源的利用与相互转换机制，强化公共资源间的相互联系和硬件资源的共享，使各种社会资源及丰富的自然资源为儿童的实践学习服务。南京市玄武区少年宫作为少年儿童重要的校外活动场所，建设“做中学”资源中心，以 STEM 教育为指向，集聚软硬件资源，服务于全区中、小学生的科技创新学习，是综合实践课程区域资源中心建设的一个可供借鉴的样本。

案例提供：江苏省南京市玄武区少年宫 徐 燕

本文撰写：江苏省南京市拉萨路小学 韩肖冰

穿越两千年，奏响科技“音”

——“和鸣，穿越千年的礼乐”主题活动课程资源开发案例

为加强南京与台湾、香港、澳门地区中小学科技创新教育研究与实践的交流互动，南京市暑期举办“宁台港澳中小学科技创新教育交流活动”，活动中设计了一个主题为“和鸣，穿越千年的礼乐”科技创意制作挑战赛，要求利用自主制作的编钟与具有人工智能的演奏机器人，完成自主寻找编钟，并敲击演奏 8 个以上音符。

挑战赛以主题项目的形式展开，强调以学生的经验、社会实际和问题为核心，进行多样化的实践性学习，如考察、访问、探究、操作和技术实践等，它能有效地培养和发展学生发现问题、解决问题、探究精神和综合实践的能力。从综合实践活动的角度看，大赛本身就可以作为一个契机，使其成为一个推动综合实践活动的课程资源。

发现与辨识

审视活动，发现课程教育意义

“和鸣，穿越千年的礼乐”科技创意制作挑战赛旨在于文化情境中设置工程任务，让南京、台湾、香港、澳门四个地区的青少年在领悟中国数千年的传统文化精髓，了解古代文明深厚的文化内涵的同时，结合科学探究与实践，学习人工智能和编程设计，完成科技创意制作，发展科

技创新实践能力。

1. 深挖编钟文化

2014年10月15日，习近平总书记在文艺工作座谈会上提出：要坚守中华文化立场、传承中华文化基因，展现中华审美风范。传承中华文化，绝不是简单复古，也不是盲目排外，而是古为今用、洋为中用，辩证取舍、推陈出新，摒弃消极因素，继承积极思想，“以古人之规矩，开自己之生面”，实现中华文化的创造性转化和创新性发展。

对于参赛的中小学生而言，本次创意制作挑战赛中的任务之一就是编钟的制作。编钟是中国传统的礼乐重器。古代编钟中，当属曾侯乙编钟最出名，它的出土改写了世界音乐史，是中国迄今发现数量最多、保存最好、音律最全、气势最宏伟的一套编钟，代表了中国先秦礼乐文明与青铜器铸造技术的最高成就，在世界上产生了巨大的影响。基于活动的要求，在教师的指导下，学生可以从曾侯乙编钟出发，开展编钟文化的研究学习，在观察、记录和思考中，主动获取知识。这一实践活动的背后是对中华优秀传统文化的一种传承与创新，展示了“发展优秀文化、创新传统文化”的开拓精神和中华民族的文化自觉与文化自信。

2. 自主制作“编钟”和“乐手”

本次科技创意制作挑战赛要求所有参赛队需要动手制作一组能够被敲响的“编钟”和一个演奏编钟的古代人物——“乐手”，它可进行移动以及演奏动作。

任务之一，“编钟”的制作。“编钟”的制作材料不限，但不得使用商业成品，必须由小组成员利用生活中产生的可回收资源材料制作；“编钟”不得自主发声，必须通过外界敲击产生振动发声。

任务之二，制作具有人工智能功能的演奏机器人“乐手”。“乐手”的制作材料、智能模块、程序均不限，鼓励使用废弃材料制作，工作电压不得超过15V。“乐手”应使用生活中产生的可回收材料进行装扮，使其更加具有古代人物的形韵。这个机器人能从指定地点出发，自主巡线寻找编钟，巡线程序应根据场地情况现场编写，程序编写时间1小时，从出发点自主找到“编钟”后，自主演奏“编钟”，音调、音量、音色、节奏不限。

整个挑战赛注重提高学生的技术意识、工程思维、动手操作能力等。在活动过程中，要求学生亲自动手，亲身体验，运用各种工具、工艺（包括信息技术）进行设计，并动手操作，将自己的创意、方案付诸实现，转化为物品或作品；学生手脑并用，灵活掌握、融会贯通各类知识和技巧，提高自身的技术操作水平、知识迁移水平，体验工匠精神等，这些正是综合实践活动的主要方式和关键要素。

从以上分析出发，我们认为“和鸣，穿越千年的礼乐”创意制作挑战赛可以作为综合实践活动课程资源开发的一次契机。

挖掘与重组

细化项目，不断深挖课程资源

南京市第二十九中学初中部是江苏省机器人教学实验基地，有一支专业技术过硬的科技教师队伍，同时还有一批热衷科技制作的学生。近年来，他们有的获得过全国人工智能大赛金奖，有的获得过机器人竞赛省级、市级一等奖，有的获得过创客省级、市级一等奖。很多同学从小就痴迷于机器人的搭建，了解了一定的人工智能知识，并能开展一定的创新作品制作。专业的指导教师团队和有扎实机器人知识基础的学生，便是参加本次创意制作挑战赛的良好人力资源。

为有效组织学生参加此次大赛，第二十九中学组成教师指导团队，以研究性学习为主线，充分挖掘与重组各类课程资源，把项目分解成若干子项目，每个子项目又分别以问题为引领，创设一系列的探究、制作活动，具体课程内容设计为以下五项。

1.“小小调查员”

子项目：古代编钟的历史及构造。

问题：古代有哪些类别的乐器？编钟属于哪一类？编钟在古代社会有怎样的作用和地位？编钟的构造到底是怎样的？……

挖掘与重组课程资源：教师引导学生了解被称为“稀世珍宝”“世界奇迹”，代表了中国古代音乐文化先进水平的“曾侯乙编钟”（距今2400多年）。虽然实物远在湖北省博物馆里，但网络平台上有相关的专题网站和丰富的文字、图片资料。由中央广播电视台总台和央视纪录国际传媒有限公司承制的文博探索节目《国家宝藏》中也有一期专门对曾侯乙编钟进行了介绍。这些都构成了本次综合实践学习的信息化课程资源。

2.“小小调音师”

子项目：谐振频率的测量与调节。

问题：声音——作为一种物理现象，它是由物体振动而产生。敲击一个物体，人能听到一个或清脆或沉闷的声音，它能否作为“do re mi fa sol la si”中的一个音阶？如果能，人们又如何评判这个声音到底是哪个音？这样的评判够精准吗？……

挖掘与重组课程资源：充分利用学校周边的大学资源，助力子项目的探究实验。初中物理学科有专门的章节介绍声音的产生与传播、声音的特性、噪声以及声的利用，但对于如何通过敲击发出美妙而又精准的音符，这些物理知识稍显不足。南京市第二十九中学初中部紧邻南京师范大学随园校区，该校有专门的声学实验室。于是教师带领中学生走进大学实验室，在大学教授深入浅出的教学中了解声音的振动频率以及谐振频率的精确测量。随后，教师引导学生开展自主探究实验，针对问题，变换不同实验对象，历经猜想、探究、验证、结论和交流的科学探究过程。

音乐中所说的音是人们在长期的生活实践中挑选出来，能够表现人们的生活或思想感情，并组成一个固定的体系，用来表达音乐思想和塑造音乐形象。通过网络获取各音阶对应的频率表（信息化课程资源之一），应用以上的实验结论，教师再次带领学生动手，开展探究实验，采取相应的措施来调节物体敲击后的谐振频率，从而调整音阶。

3.“小小鲁班”

子项目：木工工艺初体验。

问题：木制品在日常生活中随处可见，人们对木材巧妙加工后用以装饰、美化生活。中国古建筑以木材、砖瓦为主要建筑材料，以木构架为主要的结构方式，由立柱、横梁、顺檩等主要构件建造而成，它们各个构件之间是怎样连接的呢？这样的连接有何优点？……

挖掘与重组课程资源：从身边的木质桌子、椅子、板凳以及家中木质家具等的连接方式调查入手，开展木工工艺中连接方式的研究性学习。通过网络搜索的方式构建榫卯连接的信息化课程资源，在实践操作中学习胶连接、钉连接等。学生从手工绘制编钟模型图纸，再到按图纸动手制作一个编钟架，悬挂上自己选材、调音后的“钟”，不断完善，最终制作出编钟的实体模型。

4.“小小程序员”

子项目：机器人巡线与敲击。

问题：机器人如何精准定位在编钟前的指定位置？如何让机器人实现敲击编钟的动作？……

挖掘与重组课程资源：从学生已有的相关机器人搭建以及巡线知识出发，教师可引导学生针对如何精准定位机器人展开讨论，如减速前进、回退再前进以及3D打印、制作卡位器等，再带领学生开展探究实验、验证以上方法的可行性和有效性。机器人敲钟则从现实生活中人的动作分析入手，再到机械部件选择，最后编程实现控制。

5.“小小美容师”

子项目：美化“编钟”与机器人“乐手”。

问题：中国有着数千年的传统文化，活动中制作的“编钟”和机器人“乐手”有哪些传统文化内容的体现？如何围绕主题“和鸣，穿越千年的礼乐”以及活动的组织地（如南京等）来进行设计？如何美化“编钟”与机器人“乐手”？……

挖掘与重组课程资源：教师紧紧围绕学生对中国传统文化以及对南京本土文化的认识，如南京的著名景点、南京的文化名片等，组织学生开展讨论交流、汇报想法，并集体分析这些美化举措的可行性。对于可行性高的创意想法进行具体的操作，运用美术知识、手工知识等让“编钟”与机器人“乐手”更美、更逼真。作品不仅要展现科技创意与创新，也要展示同学们“发展优秀文化、创新传统文化”的开拓精神。

运用与活化

借力各方，继续丰富课程资源

围绕着本次挑战赛，教师还需要不断开阔视野，除了从身边捕捉有用的信息，不断丰富综合实践活动课程资源外，还可以怎么做呢？

1. 走进博物馆

在南京博物院珍藏了一套完整的西汉时期的编钟，这正是我们此次活动了解编钟文化环节的校外课程资源。

静态的图片、文字以及动态的视频终究不及实物来得真实。教师可以带领学生走进南京博物院，和实物编钟来一次亲密“接触”。为提高参观学习的有效性，还可以请博物院专业讲解员为学生做介绍，切实将博物院发展成课外学习基地。

当学生深入到博物院中，近距离地观察编钟，认真地聆听讲解员的介绍，细致地了解编钟的构造、特点，感受编钟所蕴含的历史和文化，进而体会古代劳动人民的勤劳和智慧，感知中国古代文化的博大精深，再一次的增强学生的民族自豪感，坚定了自己的文化自信。

2. 走进区域创客中心

“编钟”的制作环节中，先进工具的应用能事半功倍。3D 打印、激光雕刻、现代木工工艺中电动工具（如钉枪、电圆锯、电钻）等，这些硬件资源并不是每所学校都有所配备。如今各区都建立了区域性创客中心，那里设施齐全，装备先进，教师可带领学生前往区域创客中心，现场开展教学，并指导学生尝试操作，掌握先进设备的使用，助力活动的高效开展。

3. 引进家长资源

南京市第二十九中学初中部有着丰富的家长资源，有的家长擅长计算机编程，有的家长擅长开源硬件，也有的家长是大学教授，等等。让家长了解创意制作挑战赛的内容，请家长参与到综合实践活动中来，聘任部分家长为指导教师，参与孩子们的讨论、实验、制作、评价等。充分开发和利用家长资源，可以让综合实践活动课程更具活力。

联结与管理

落实“五有”，有力保障课程实施

本次活动虽说只是一个科技文化交流活动、一次创意制作的竞赛，但整个活动的开展就是一次综合实践活动课程的校本实施。从课程的组织和管理角度来看，本次创意制作挑战赛需要做好五个“有”。

1. 有计划

从通知发布到竞赛当天，历时近三个月，6 月为学生的期末复习考试月，7、8 月正值学生的暑假。如何有效利用这三个月的时间，需要教师好好规划。6 月可以组织学生报名，待到月底学生期末考试结束，活动正式启动。从 7 月 1 日起，按时间以周为单位初步建立活动方案，并考虑各类教育资源的引入。周周有学习内容，周周有达成目标，并做到劳逸结合。不仅要有整体计划，教师还要引导学生在实施方案的基础上，根据自己小组的实际情况制订小组计划。有计划的活动安排，能更大程度地得到家长和学生的理解、支持和配合，助力活动有效开展。

2. 有目标

这一次活动背后有对学生潜在的培养目标。为此，教师需要深度挖掘，设定详细课程目标如下：

科学（S）：S1. 了解古代编钟的相关构造、历史及作用；S2. 理解声音产生的原理；S3. 了解各音阶的振动频率；S4. 掌握光电传感器的工作原理。

技术（T）：T1. 掌握物体敲击后谐振频率的测量及调节方法；T2. 掌握利用光电传感器进行机器人巡线的方法；T3. 知道木工制品的制作程序，初步掌握画线、锯割、打磨等一些基本的木工加工方法，能够根据不同的材料选择合适的连接方式。

工程（E）：E1. 在了解编钟原理的基础上，结合科学和技术知识，完成编钟模型的设计；E2. 在确定设计方案时，要考虑一系列的约束因素：能力基础、物质条件、时间限制、成功概率等；E3. 知道单、双、三及更多光感巡线的优势与劣势，能根据工程约束因素进行有效的选择；E4. 工程设计既需要科学也需要经验，“编钟”的制作、机器人的搭建以及“乐手”敲击“编钟”就是一个不断总结、反复测试、多次优化改进的过程。

艺术（A）：A1. 能够从美学出发，对“编钟”和具有人工智能的机器人“乐手”做装饰；A2. 能够将文化元素有效融入“编钟”和具有人工智能的机器人“乐手”的制作之中；A3. 了解一定的乐理知识，并应用于机器人“乐手”的演奏之中。

数学（M）：M1. 综合材料的尺寸和配件的规格，合理确定“编钟”和具有人工智能的演奏机器人的大小；M2. 能够把“编钟”和具有人工智能的演奏机器人的空间结构解构成平面零件图。

3. 有组织

这是一次教育主管部门组织的市级活动。建立健全学校领导分管、科技辅导教师团队具体负责、其他部门协同配合、相关学科教师承担任务、学生人人参与活动的组织架构，将有效保障活动的正常开展。

4. 有指导

本次活动有效融合语文、数学、物理、历史、音乐、美术、信息技术、通用技术等多门学科知识，需要有相应的教师来做指导。也许并不一定需要每位教师的全程现场参与，但在活动中碰到问题，总有相关的教师可以给予指导。现场指导最佳，网络指导也行，电话指导亦可。

5. 有分工

创意制作挑战赛以 4 人一小组为单位，考察小组团队协作。活动中要求每个孩子必须经历、参与学习活动，人人都有自己的专长，有的同学擅长程序编写，有的同学可能擅长结构搭建，有的同学在美工设计方面有研究，还有的同学喜爱手工制作。活动中要有分工，但也要注意引导学生树立团队合作意识，相互学习，取长补短。

最后值得一提的是，活动过程中对各类资源的开发和应用，如组织到博物院参观考察，又如到区创客中心使用现代木工工具制作，等等，都需要提醒学生注意规范，提高安全意识。

中小学科技竞赛活动的目的是促进学生的科技创新实践，要超越竞赛成绩来看待活动的价值，使其回归任务驱动的学习、项目引领的挑战性学习的育人价值。“和鸣，穿越千年的礼乐”科技创意制作挑战赛融合科学、技术、工程、艺术、数学的元素，使学生在完成任务的同时，充分调用所学所能，发挥创意创新，得到非常好的跨学科实践的机会。只要善于开发，类似这样的活动皆可以与综合实践活动课程密切联系，而竞赛的背景为此类活动提供了更加具有目标导向的驱动力，使竞赛成为课程开发的契机。

本文撰写：江苏省南京市第二十九中学　栾富海

这只是开始。

无论是从身边的资源出发去开发综合实践活动课程资源，还是在开发综合实践活动课程资源的时候去寻找支持性资源，资源开发工作都只是在为真正地开展综合实践活动课程做准备。

显然，同样的资源可以为综合实践活动服务，也可以为某一学科教学服务。山水城林、衣食住行都可以成为课程资源开发的源头，只要我们用心挖掘，找到资源并不难，难在对资源的处理和运用是否符合综合实践活动的课程特质。发挥身边的资源在综合实践活动课程中的价值的关键在于，它是为培养学生综合素质服务，使学生能够更好地从个体生活、社会生活及与大自然的接触中获得丰富的实践经验，促进学生的价值体认和责任担当，发展他们的问题解决和创意物化能力。源于生活、基于情境、围绕主题、解决问题等是综合实践活动课程开发的逻辑起点，探究、服务、制作、体验是这一课程的活动方式。综合实践活动课程资源的开发，就是在这些基本理念的指引下，对身边的资源进行处理、加工和运用的过程。

虽然编者尽可能多地列举开发课程资源的例子，但是，身边可以加以利用的资源实在是太丰富了，以至于我们总觉得还有很多精彩的、充满创意的资源开发案例未能一一介绍。既然如此，我们希望能够提出一个基本的框架，使它成为一个透镜，或者一个基本的思路，供我们的教师伙伴在理解他人的资源开发实践或者在寻找与开发自己的资源时参考。在“发现与辨识”环节，主要说明学校的综合实践活动课程设计者在资源方面“有什么”，以及他们是如何理解这一资源和其价值的问题；在“挖掘与重组”环节，我们可以看到对资源的课程化处理：对同一资源，在不同年龄段学生的不同活动中，有所聚焦、有所侧重地选取与活动内容主题相关的部分，进一步发挥其课程实施价值，或者对同一资源的不同角度、不同方面以及不同来源的目的性重组；在“运用与活化”环节，我们通过同行对所选择资源的运用和开发，呈现了他们多样的资源开发策略；在“联结与管理”环节，则着重考虑怎样把资源之间的协同运用及常态管理做好的问题。

我们认为，从“发现与辨识”开始的四个环节，既组成了综合实践活动课程资源开发要去审视的问题框架，又大体反映了一个开发与运用的实践脉络。要使这四个环节的工作发挥“提升综合实践活动课程实施的有效性”的作用，必须始终紧扣综合实践活动在课程性质、课程理念、课程目标、课程实施方式上的规定。很大程度上，本书所提供的开发过程案例，仅为给同行们一些启发。这是因为，不仅更多的资源我们无法展现，而很快将进入人们生活的新问题、新技术、新实践也难以预设。例如，2014 年 11 月末，3D 打印技术被《时代》周刊评为 2014 年 25 项年度最佳发明，不过 5 年的时间，3D 打印技术已经在很多中小学成为支持学生开展“创意物化”活动的常见工具。新资源、新问题、新技术汹涌而来，孩子们能否在这些源于社会发展和生活变化所带来的新情境中寻找自己新的实践机会，只能由有智慧的教师在面对它们的时候去解决。此时，一个基本的思考框架的意义或许就能体现出来。

不过，无论未来社会如何变化，很多资源的课程价值将历久弥新。比如，中华传统文化资源、革命历史文化资源等。这些课程资源是青少年传承社会主义核心价值观的重要载体，借由这些资源开展实践活动，将优秀传统的当代价值和世界意义的文化精髓展示在学生面前。又如，学校和班级的校务劳动、班务管理，家庭里的自我照料和生活劳动参与，社区中的服务性实践，等等。这些需要学生拿起扫帚抹布，需要他们长期坚持形成习惯的“小事”“琐事”，恰恰回应了“一室之不治，何以天下家国为？”的古训。一味追求运用“新”“奇”“特”的课程资源，可能片面理解了“创新”，忽略了一些传统的课程资源也可以成为最为生动的新时代育人实践。

如果说，本书呈现的资源开发案例是学校和教师智慧的点滴，那么更多的课程故事，一定会在更多有心的学校和教师那里被创造出来。

这本书中的资源开发案例，来自全国的多个省份、城市。本册主编张晓东、杨健与章节主持人一起，在多次讨论研究的基础上，拟定了全书案例撰写的内容、体例。书中每一部分由一位来自一线的、具有一定综合实践活动课程开发和实施经验的实践者主持讨论、研议，由具体的开发者撰写。具体分工如下：

课程资源面面观：张晓东（江苏省教育科学研究院研究员、江苏省教育发展研究中心主任）撰写；

使学校的墙壁也说话：冯毅（南京市琅琊路小学副校长）主持编写；

做事的兴趣，愈做愈浓：王玲（合肥市阳光小学校长）主持编写；

让儿童与社会相遇：李灿（石家庄市特殊教育学校校长、石家庄青少年社会综合实践学校原副校长）主持编写；

这是自然的法则：冯凌（南京市玄武区教师发展中心小学科学、小学综合实践活动教培员）主持编写；

另一次伟大的旅程：吴宁（南京市光华东街小学校长）主持编写；

打开视界看资源：杨东亚（南京市拉萨路小学学校发展部主任）主持编写。

各案例的提供及主要撰写者，在书中分别署名。

由于编写者的水平所限，对问题的考虑不尽周到、全面，对资源开发与建设的理解、阐释还不够到位，难免有不够完善之处，敬请广大读者批评指正。最后，要特别感谢丛书的总主编成尚荣先生、张华先生、柳夕浪先生，让我们能有机会参与“综合实践活动课程的新时代建构”丛书的撰写这个重要的工作，为中小学综合实践活动课程建设添砖加瓦，与中小学综合实践活动课程共同成长；感谢河北教育出版社为本书出版所付出的辛勤劳动！

张晓东　杨　健

2020 年 8 月